Kauderwelsch
Band 191

Impressum

Elke Walter
Irish Slang – echt irisches Englisch
erschienen im
REISE KNOW-HOW Verlag Peter Rump GmbH
Osnabrücker Str. 79, D-33649 Bielefeld
info@reise-know-how.de

© REISE KNOW-HOW Verlag Peter Rump GmbH
2. neu bearbeitete Auflage 2009
Konzeption, Gliederung, Layout und Umschlagklappen
wurden speziell für die Reihe „Kauderwelsch" entwickelt
und sind urheberrechtlich geschützt.
Alle Rechte vorbehalten.

Bearbeitung & Layout	Elfi H. M. Gilissen
Layout-Konzept	Günter Pawlak, FaktorZwo! Bielefeld
Umschlag	Peter Rump (Fotos: Elke Walter)
Kartografie	Iain Macneish
Fotos	Elke Walter, außer:
	Tourism Ireland Imagery (S. 1, 103, 104, 115)
	Hans-Günter Semsek (S. 93)
Druck und Bindung	Fuldaer Verlagsanstalt GmbH & Co. KG, Fulda

ISBN 978-3-89416-479-9
Printed in Germany

Dieses Buch ist erhältlich in jeder Buchhandlung Deutschlands, Österreichs, der Schweiz und der Beneluxländer. Bitte informieren Sie Ihren Buchhändler über folgende Bezugsadressen:

Deutschland	Prolit GmbH, Postfach 9, 35461 Fernwald (Annerod) sowie alle Barsortimente
Schweiz	AVA-buch 2000, Postfach 27, CH-8910 Affoltern
Österreich	Mohr Morawa Buchvertrieb GmbH, Sulzengasse 2, A-1230 Wien
Belgien & Niederlande	Willems Adventure, **www.willemsadventure.nl**
direkt	Wer im Buchhandel kein Glück hat, bekommt unsere Bücher zuzüglich Porto- und Verpackungskosten auch direkt über unseren Internet-Shop: **www.reise-know-how.de**.

Zu diesem Buch ist eine **Audio-CD** erhältlich in jeder Buchhandlung Deutschlands, Österreichs, der Schweiz und der Benelux-Staaten oder als **MP3-Download** unter
www.reise-know-how.de
Der Verlag möchte die **Reihe Kauderwelsch** weiter ausbauen und **sucht Autoren!** Mehr Informationen finden Sie unter
www.reise-know-how.de/rkh_mitarbeit.php

Kauderwelsch

Elke Walter

Irish Slang
echt irisches Englisch

**REISE KNOW-HOW
im Internet
www.reise-know-how.de
info@reise-know-how.de**

*Aktuelle Reisetipps
und Neuigkeiten,
Ergänzungen nach
Redaktionsschluss,
Büchershop und
Sonderangebote
rund ums Reisen*

Kauderwelsch-Slangführer sind anders!

Warum? Sie sind bestens mit der Landessprache vertraut und verstehen trotzdem nur die Hälfte, wenn Sie mit den Menschen vor Ort so richtig ins Gespräch kommen?

Gerade wenn Sie sich in der „Szene" bewegen oder Menschen in ihrem ganz normalen Alltag antreffen, sie auf der Straße ansprechen, mit ihnen ein Bier in der Kneipe trinken, ist deren Sprachgebrauch Meilen entfernt von der offiziell verwendeten Hochsprache in den Medien und den Bildungsinstituten.

Man bedient sich der **lockeren Umgangssprache** und vieler **modischer Slangbegriffe,** die oft nicht einmal die gesamte Bevölkerung versteht, sondern nur bestimmte Altersschichten, eingeschworene Szenemitglieder oder Randgruppen.

Die meisten Slangausdrücke haben eine kurze Lebensdauer und finden nie den Weg in das Lexikon. **Slang ist vergänglich.** Aber es bringt die nötige Würze in das sonst zu dröge daherkommende, in der Hochsprache geführte Gespräch.

Die wahre Vielfalt einer Sprache liegt in diesem lebendigen Mischmasch von Hochsprache, Umgangssprache und Slang. In diesem bunten Mix spiegeln sich **Lebensart, Lebensgefühl** und **Lebensphilosophie** der Menschen vor Ort.

Da die Umgangssprache eher gesprochen als geschrieben wird und es für deren Schreibweise keine festen Regeln gibt, werden Sie immer wieder auf unterschiedliche Schreibweisen der Slangwörter stoßen, wenn Sie diese denn einmal geschrieben sehen.

Die AutorInnen werden Sie immer wieder zum Schmunzeln bringen und Ihnen gekonnt Mentalität und Lebensgefühl des jeweiligen Sprachraumes vermitteln. Es werden Wörter, Sätze und Ausdrücke des Alltags aus der Kneipe und dem Arbeitsleben, die Sprache der Szene und der Straße erklärt. Im Anhang sind diese in über 1500 Stichwörtern geordnet, damit Sie die täglich gehörten Begriffe und Wendungen finden können, die kaum in Wörterbüchern aufgeführt sind.

Inhalt

Inhalt

9 Vorwort

Slang – Wozu?

10 Irish Slang – Wozu?
12 Hinweise zu diesem Buch
14 Karte des Sprachgebietes
15 So spricht man's
18 Kleiner Grammatikvergleich

Der Slang

25 How's the craic?
 – *wie Iren sich begrüßen und verabschieden*
28 Grand days & dirty ould days
 – *das Wetter*
32 Up to Dublin & down the country
 – *Örtliches*
38 Dead on two
 – *Zeitliches und wichtige Tage*
41 Fair dues & Away with ye!
 – *Wechselbad der Gefühle*
47 Gostering
 – *Tratsch & Klatsch auf die irische Art*
50 Blather, loopers & headers
 – *Quatsch, Dumme & Verrückte*
53 The man above & cup-tossing
 – *Glaube & Aberglaube*
62 Keeping the bones green
 – *das blühende Leben / nicht auf der Höhe sein*

- 65 Snapper, proontach & harrow-bones
  – *Gören, Dicke & Dünne*
- 69 Heelers and skivers
  – *in Arbeit & arbeitslos*
- 74 Bowls, flats & punters
  – *Sport, Kartenspiel & Wetten*
- 79 Just for the craic
  – *Spaß & Outfit, Musik & Film*
- 82 A cup an a slice
  – *die größten Teetrinker & ihre Esskultur*
- 88 Out on the piss
  – *vom Trinken & Saufen*
- 99 The jacks
  – *auf dem Lokus*
- 101 The troubles
  – *der Nordirlandkonflikt*
- 106 Effin and blindin
  – *des Iren Vorliebe fürs Fluchen*
- 116 Having kissed the Blarney Stone
  – *vom ersten Schmeicheln bis zum Traualtar*
- 122 The bold thing
  – *vom Sex & seinen Folgen*

 Anhang

- 128 Literatur- und Surftipps
- 130 Register
- 144 Die Autorin

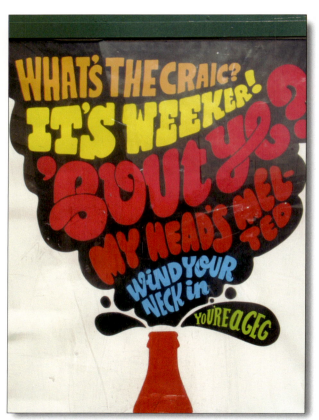
Straßenreklame in Belfast

Vorwort

Wie fluchen Iren? Wie beginnen Iren ein Gespräch, lassen Iren Dampf ab, lästern Iren? All das und viel mehr soll in diesem Buch interessieren, auf dass der bereits ins Englische Eingeweihte auch im Pub oder auf dem Markt, an der Bushaltestelle oder im Nachtklub nicht nur Bahnhof versteht, sondern mitreden kann.

Die in Dublin aufzuschnappende Lautfolge **Dyeknowwharrimean?** könnte vom ungeschulten Ohr vorschnell als Nicht-Englisch oder aber als völlig unbekannte Vokabel wahrgenommen werden. Weit gefehlt, denn es verbirgt sich ein ordinäres „Do you know what I mean?" dahinter. Schwieriger noch, wenn ungewohnte Aussprache gepaart mit unbekannter Verwendung daherkommt. Der Satz **I threw me ring up** klingt beispielsweise zunächst einmal nach einem klaren Sachverhalt. Stattdessen weiß der Eingeweihte, dass sich der Sprecher tüchtig übergeben musste und nicht etwa den Nachmittag damit verbrachte, seinen Ring in die Luft zu werfen.

Doch mithilfe der großen Offenheit der Iren wird man sich recht schnell „einhören" und Sprache wie Leute lieben lernen, sollte man dem Charme der grünen Insel nicht schon längst verfallen sein.

Viel Spaß beim Lesen, Ihre Elke Walter

Irish Slang – Wozu?

Warum neben dem Kauderwelsch-Band „British Slang" ein separater „Irish Slang"? Weil das irische Englisch in seiner Verwendung von Slangbegriffen erheblich vom britischen Englisch abweicht.

Es existieren ausreichend typisch irische Slangbegriffe, um von irischem Slang reden zu können. Diese Tatsache beruht nicht zuletzt auf dem immensen Einfluss des Gälischen auf das irische Englisch, auf Aussprache und Sprachmelodie, doch auch auf Wortschatz und Ausdrucksweise. Schließlich zählt ein großer Teil der irischen Bevölkerung Gälisch-Sprecher zu seinen Ahnen und selbst jene Iren, die von Schotten und Engländern abstammen, zeigen diese Einflüsse, da sie seit langem mit Gälischstämmigen interagieren.

Überschneidungen zwischen dem britischen und irischen Englisch entstehen unter anderem durch Emigration nach Großbritannien und den sprachlichen Einfluss der Rückkehrer bzw. Besucher, die britische Slangausdrücke mitbringen. Deshalb gibt es natürlich große Schnittmengen, insbesondere zwischen dem stärker britisch beeinflussten Nordirland und Großbritannien.

Berücksichtigt werden hier vor allem Wörter und Wendungen, die typisch irisch sind. Doch es fließen auch einige ein, die ebenfalls

Irish Slang – Wozu?

im britischen Englisch zu finden sind. Sehr viele Begriffe und Wendungen des britischen Slangs werden in Irland zwar angewendet, diese auch zu nennen, würde hier jedoch den Rahmen sprengen.

Es kann davon ausgegangen werden, dass die Iren und Nordiren mehr neue Slangbegriffe als die Engländer prägen. Das gilt insbesondere für junge Leute in Dublin und Belfast. Dublin verdient besondere Aufmerksamkeit, da hier mit 1 Mio. Einwohnern etwa ein Drittel der Bevölkerung der Republik bzw. ein Fünftel der gesamtirischen Bevölkerung lebt.

Das irische Englisch ist durch eine gewisse Einheitlichkeit gekennzeichnet. Die größten regionalen Unterschiede bestehen zwischen Ulster und dem südlichen Teil der irischen Insel. Das zeigt sich unter anderem in der Tatsache, dass Sprecher aus Ulster im Rest des Landes meist an ihrer Sprache erkannt werden. Auf regionale Besonderheiten wird im Buch durch ein entsprechendes Kürzel hingewiesen.

Nicht alle Slangbegriffe werden von allen Sprechern gleichermaßen verwendet, manche sind beschränkt auf eine bestimmte Region, andere auf eine bestimmte soziale Schicht oder eines der beiden politischen Lager in Nordirland. In vielen Fällen jedoch bedienen sich verschiedenste Gruppen der gleichen Begriffe, sowohl in der Stadt als auch auf dem Lande.

Ulster wird im Rahmen dieses Buches nicht politisch verstanden, sondern bezeichnet die historische Provinz im Norden Irlands (6 nordirische Grafschaften und 3 Grafschaften der Republik Irland).

Hinweise zu diesem Buch

Hinweise zu diesem Buch

Irischer Slang wird in diesem Buch verstanden als der für die Republik Irland sowie Nordirland typische Alltagsjargon, nicht als Abbild aller gebräuchlichen Slangbegriffe. Gemeint ist nicht nur die Jugendsprache, sondern die Umgangssprache, die ebenso von Erwachsenen der verschiedensten Altersgruppen je nach sozialer Schicht und Sprechsituation verwendet wird. Slang und Umgangssprache werden vor allem mündlich, oftmals von Angehörigen der gleichen Alters- oder Berufsgruppe und in vertrauten Gesprächen verwendet, also innerhalb der Familie und des Freundeskreises. Die derberen Beispiele (gekennzeichnet mit *) werden, anders als die Umgangssprache, nur in ausgewählten Situationen benutzt. Sie werden in diesem Buch nur zur Information und der Vollständigkeit halber vorgestellt, sollten aber, wenn überhaupt, nur mit äußerster Vorsicht angewandt werden.

Da Slang ein vorwiegend mündliches Phänomen ist, existieren verschiedene Schreibweisen der einzelnen Slangbegriffe. In diesem Buch wird versucht, die jeweils übliche Schreibweise wiederzugeben bzw. die Variante zu wählen, die die Aussprache am besten zu reflektieren scheint. Bei Verkürzungen wie **-in** (=ing), **an** (=and), **o** (=of) wird auf ein Apostroph verzichtet.

Ein herzhaftes „fuck" ist mehr als verbreitet in Irland – und weniger anrüchig, als es uns unser Sprachempfinden vielleicht gebietet. In Irland ist eine umgangssprachliche Ausdrucksweise eben nicht so anstößig wie anderswo, vor allem in Ulster, wo soziales Prestige nicht an einer hochsprachlichen Norm festgemacht zu werden scheint. Wirklich vulgär sind hingegen die mit einem Sternchen gekennzeichneten Wörter und Wendungen.

Hinweise zu diesem Buch

Damit man zumindest einen Eindruck bekommt, wie das irische Englisch ausgesprochen wird, sind im nachfolgenden Kapitel die vom Standardenglischen abweichenden Laute beispielhaft erklärt und mit einer leicht zu lesenden Lautschrift „lautlich übersetzt".

Nebst dem für die Republik Irland sowie Nordirland typischen Alltagsjargon werden auch regionale Slangbegriffe vorgestellt: Ulster-Begriffe sind in diesem Buch jeweils mit einem hoch gestellten [u] markiert, Dubliner Begriffe jeweils mit [d], Belfaster Begriffe mit [b] und Cork-Begriffe mit einem [c], z. B.:

to be dead nuts on something[u]
total verrückt auf etwas sein
auf hundert sein, etwas stark ablehnen

Alle erklärungsbedürftigen Begriffe sind in kursiver Schrift wörtlich übersetzt. Dies mag manchmal etwas eigenartig anmuten, ist aber notwendig, um den Hintergrund zu erhellen. Das trifft vor allem auf die Begriffe zu, die auf den ersten Blick wie Standardenglisch wirken, tatsächlich aber vom irischen Gälisch oder Schottischen abgeleitet wurden und eine andere als die scheinbar offensichtliche Bedeutung haben. So wird beispielsweise im Falle des Begriffes **bean-jacks** *(Damenklo)* deutlich, dass **bean** nichts mit Bohne zu tun hat, sondern es aus dem Irischen kommt und einfach „Frau" heißt.

Fehlt eine wörtliche Übersetzung, trifft die deutsche Übersetzung den Nagel auf den Kopf oder aber die Herkunft der Wendung ist bislang ungeklärt.

Karte des Sprachgebiets

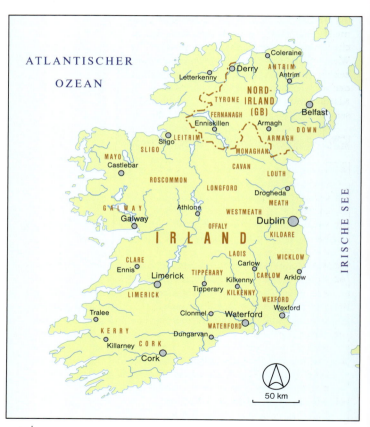

So spricht man's

Sprecher des irischen Englischs verwenden meist eine Mixtur der erläuterten Aussprachemerkmale. Grundsätzlich gilt, dass die Wahrscheinlichkeit des Auftretens der einzelnen Merkmale steigt, je mehr man sich in der sozialen Hierarchie abwärts bewegt. In Klammern finden Sie u. a. eine einfach zu lesende Lautschrift.

Selbstlaute (Vokale)

a 1) wie in engl. **up** bzw. dt. „M<u>a</u>sse": **butcher** *(batsche(r), Fleischer)*, **bullet** *(ballet, Kugel)*;
2) statt „i": **thang** *(t̶h̶äng, Ding)*

ay wie in engl. **day** bzw. dt. „Hey": **bake** *(bäjk, Schnauze)*, **tay** *(täj, Tee)*, **mate** *(mäjt, Fleisch)*

az wie in engl. **azure** bzw. dt. „<u>E</u>sra"

ez statt „z" wird „az/ez" gesprochen: **azoo** *(esuh, Zoo)*, **ezed** *(esäd, Buchstabe Z)*

e wie in engl. **Africa** bzw. dt. „M<u>a</u>sse": **ye** *(je, du/ihr)*, **deffo** *(däffo, definitiv)*

ee wie in engl. **see** bzw. dt. „Fli<u>e</u>ge": **eejit** *(iedschitt, Idiot)*, **wee** *(w̶i̶e̶, klein)*

i wie in engl. **it** bzw. dt. „R<u>i</u>tt": **tin** *(tinn, zehn)*, **min** *(minn, Männer)*, **divil** *(diwil, Teufel)*, **yit** *(jitt, schon, noch)*

oi wie in engl. **boy** bzw. dt. „Ah<u>oi</u>": **boit** *(bojt, beißen)*, **loik** *(lojk, mögen)*

Das durchgestrichene t̶h̶ soll zur Illustration des englischen „Tie-Ätsch" dienen und das durchgestrichene w̶ steht für das englische „Dabbelju", die es beide im Deutschen nicht gibt.

So spricht man's

Mitlaute (Konsonanten)	
ck	wie in engl. **packet** bzw. dt. „pa<u>ck</u>en": **pagget** *(päggit, Packung)*
d	1) wie in engl. **mad** bzw. dt. „Bä<u>d</u>er"; 2) stumm nach „l" und „n": **oul'** *(o~~w~~l, alt)*, **foun** *(faun, gefunden)*; 3) wie in engl. **deal** bzw. dt. „<u>d</u>as" statt stimmhaftes „th": **dis** *(diss, dies*; 4) „d" statt „t": **Prodisan** *(prodissan, protestantisch, Protestant)*
h	1) wie in engl. **huge**; 2) vor „w" im Anlaut: **which** *(hwitsch, welche)*, **whether** *(hw<s>e</s>äther, ob)*
j	1) wie in engl. **yard** bzw. dt. „Jade"; 2) nach „g" und „c", aber vor „a": **gjarden** *(gjarden, Garten)*, **cjar** *(kjar, Auto)*
pp	wie in engl. **pepper** bzw. dt. „Lappen": **pebber** *(päbber, Pfeffer)*
sch	1) wie in engl. **ship** bzw. dt. „<u>sch</u>ön"; 2) statt „s" im Anlaut: **city** *(schittie, City)*, **six** *(schicks, sechs)*
t	1) wie in engl. **fit** bzw. dt. „gla<u>tt</u>"; 2) stumm nach „p": **kep** *(käpp, behalten)*, **slep** *(släpp, geschlafen)*; 3) statt „th" wie in engl. **tea** bzw. dt. „<u>T</u>unnel": **tink** *(tink, denken)*, **tirty-tree** *(törti trie, 33)* 4) „d" statt „t": **budder** *(badde(r), Butter)*
th	1) wie in engl. **father**; 2) stumm: **fa'er** *(fah-e(r), Vater)*, **wea'er** *(wä-e(r), Wetter)*

Einfügung von Selbstlauten zwischen Mitlauten: **arrem** *(Arm)*, **fillem** *(Film)*.

So spricht man's

Angehörige der nordirischen Arbeiterklasse können anhand ihrer Sprache dem katholischen bzw. protestantischen Lager zugeordnet werden. Im Gegensatz zu grammatikalischen Unterschieden zwischen den Konfessionen, die sich mit zunehmendem sozioökonomischen Status verlieren, finden sich bei der Aussprache, Betonung, Sprachmelodie und Sprechgeschwindigkeit auch an der Spitze der sozialen Pyramide Unterschiede zwischen Katholiken und Protestanten.

Katholiken benutzen zum Beispiel grundsätzlich ein helles „l" und nennen den Buchstaben „h" *häjtsch*. Protestanten bevorzugen hingegen ein dunkles „l" und nennen das „h" *äjtsch*. Katholiken verwenden etwas längere Selbstlaute und weichere Mitlaute.

Der „u"-Laut in Wörtern wie **butcher** wird in Belfast entweder als „a" oder „u" umgesetzt. Es gibt keinerlei feste Regeln dafür, welche Variante der Sprecher verwendet, entscheidend ist lediglich Insiderwissen. Die „a"-Variante wird von Angehörigen einer bestimmten Gruppe als Identitätsmarker benutzt, während die „u"-Variante soziale Distanz ausdrückt. Unter jungen Angehörigen der Arbeiterklasse Belfasts ist bei **butcher, bull** und **look** der „a"-Laut beliebter. Dieses Phänomen verliert sich allerdings mit zunehmendem Alter zugunsten der Standardaussprache „u".

Eine Besonderheit des irischen Englischs ist auch die vom britischen Englisch abweichende Betonung verschiedener Wörter, so z. B. im Fall von **dis**ci**pline**, **la**men**table** *und* **ar**chi**tec**ture.

Kleiner Grammatikvergleich

Die hier erläuterten Unterschiede zur Hochsprache treten teilweise auch außerhalb Irlands auf, scheinen in Irland aber auch in höheren Schichten akzeptabel zu sein als z. B. in Großbritannien. Ihre Verwendung ist abhängig von Bildungsstand und Schichtzugehörigkeit.

Viele dieser Strukturen sind aus dem Gälischen übernommen und existieren in Gebieten mit starkem Einfluss des Gälischen parallel zueinander (z. B. in Donegal, den Glens of Antrim).

Betonung von Satzteilen

Vor allem in ländlichen Gegenden mit noch starkem gälischen Einfluss ist das Vorrücken von Satzelementen, die stark betont werden sollen, verbreitet. Sätze werden oft mit **it is** begonnen:

It's looking for more land a lot of them are.
Viele von ihnen suchen Land.

It is we that went ...
Wir sind gegangen ...

Road steht häufig anstelle von way.

Well now, me myself I do it this road.
Also ich mach das so.

But kann zur stärkeren Betonung am Ende einer Äußerung stehen:

It's my round but.
Aber diese Runde geht auf mich.

Kleiner Grammatikvergleich

In Ulster verdoppelt man **at all** zwecks stärkerer Betonung.

How are you doin atallatall?
Wie geht's denn so?

Verben und Zeiten

I do be wird benutzt, um „I usually am" auszudrücken, ebenso **He bees writing** oder **He does be writing** für „He usually writes":

He bees going to Belfast every Tuesday.
He do go to Belfast every Tuesday.
He do be going to Belfast every Tuesday.
Er fährt jeden Dienstag nach Belfast.

Bildung der einfachen Vergangenheit mit **done** und **seen:**

She done it because she seen me do it.
Sie hat's gemacht, weil sie gesehen hat, wie ich's gemacht habe.

Anstelle „have + Partizip" wird oft „**a** + Vergangenheit" verwendet:

Ye should a went.
Du hättest gehen sollen.

Außerdem wird die einfache Vergangenheit bevorzugt statt der zusammengesetzten Ver-

Einige Partizipien und Vergangenheitsformen weichen vom hochsprachlichen Standard ab:
clum *statt „climbed" oder* ***wrought*** *statt „worked".*

Kleiner Grammatikvergleich

gangenheit: **Where were you?** statt „Where have you been?"

In Anlehnung an das Irische wird die Verlaufsform („-ing"-Form) wesentlich häufiger verwendet als im britischen Standardenglisch:

Who's this belonging to?
Wem gehört das?

You're asking for a quare lacing.
Du verdienst eine Tracht Prügel.

After + -ing drückt eine gerade vollendete Handlung aus:

Sure, I'm after doin it this very minute.
Ich hab's gerade eben gemacht.

I'm just after eating my breakfast.
Ich hab gerade gefrühstückt.

Nordirische Katholiken (Ulster) vermeiden weitestgehend Passivkonstruktionen und ersetzen diese häufig durch Strukturen wie **„be + a- + Verb + -ing"**.

He was a-killing.
(statt „He was being killed")
Er wurde umgebracht.

Is und **was** drücken häufig statt „are" und „were" die Mehrzahl aus:

Kleiner Grammatikvergleich

Yiz is late.
Ihr kommt zu spät.

Me and Brendan's fed up.
Brendan und ich haben's satt.

There was 15 people there.
Es waren 15 Leute da.

Fürwörter

Unbelebtes wird oft personifiziert und meist mit einem weiblichen Fürwort (Pronomen) versehen:

She's a great knife, so she is.
Das ist ein wirklich gutes Messer.

Them wird statt „these/those" als hinweisendes Fürwort (Demonstrativpronomen) in der Mehrzahl verwendet:

Them's the ones I want.
Die will ich haben.

Als hinweisende Fürwörter werden gelegentlich auch **thon** und **thonder** verwendet:

D'ye ken thon man?
Kennst du diesen Mann?

Die Mehrzahlform von „you" variiert je nach Region. Im Süden verwendet man **ye** (Ein-

Kleiner Grammatikvergleich

zahl und Mehrzahl) oder **youse** (reimt sich auf „whose"), im Norden sind es **yiz** (reimt sich auf „his") oder **youse**:

Here, youse boys, over here.
Hier drüben Jungs.

Yiz is stupid!
Ihr seid blöde!

In Anlehnung an das Irische werden Verhältniswörter (Präpositionen) an ungewöhnlichen Stellen verwendet. So werden besitzanzeigende Fürwörter (Possessivpronomen) mit Hilfe von **be** plus **on/at/near/by** ausgedrückt:

His back's at him.
Er hat Rückenschmerzen.

She stole my book on me.
Sie hat mein Buch gestohlen.

Y'are not¹⁾ wird häufig anstelle von „you're not" und „you aren't" verwendet.

Es wird in Ulster oft das bezügliche Fürwort („who, which, that") ausgelassen und **me** statt „my" verwendet.

She sent for me ma was hangin clothes out.
Sie ließ meine Mutter holen, die gerade Wäsche raushängte.

You're in me light.
Du bist mir im Licht.

Kleiner Grammatikvergleich

Bindewörter (Konjunktionen)

Manchmal werden „if/whether" ausgelassen:

She asked him was he going with anyone.
Sie fragte ihn, ob er mit irgendwem geht.

I wonder does she honestly mean it.
Ich frag mich, ob sie das ernst meint.

And steht oft anstelle von „as/when":

He fell and him crossing the bridge.
Er stürzte, als er über die Brücke ging.

And wird oft als **an** umgesetzt. Fragen werden häufig mit **an** oder **sure** eingeleitet:

An do you like it?
Gefällt's dir?

Verneinung

No statt „not" für Verneinungen von Verben:

Do ye no ken the man?
Kennst du den Mann nicht?

Anhängen von **-nae/ny** an Hilfsverben statt „not":

A didnae think he would come.
Ich dachte nicht, dass er kommen würde.

Kleiner Grammatikvergleich

Doppelte Verneinung zur stärkeren Betonung der Aussage, auch in Bestätigungsfragen:

Never you try nothin like that again.
Versuch das ja nicht noch mal.

You won't hit me, won'tin ye not?
Du wirst mich doch nicht schlagen, oder?

Ye canny mean it.
Das kann nicht dein Ernst sein.

Füllwörter und Auslassungen

Die Iren lieben Füllwörter und verwenden sie, wo immer es sich anbietet. Je nach Alter des Sprechers werden unterschiedliche Formen gewählt. So bevorzugen ältere Leute **like,** während typisch irische Konstruktionen nach dem Schema **so they are** von allen Sprechern gleichermaßen benutzt werden:

I am so I am.
Ja.

Doch auch Auslassungen erfreuen sich großer Beliebtheit:

monly chile
mein einziges Kind

thawful man
der schreckliche Mann

How's the craic?

How's the craic?

Wer das ländliche Irland per Auto verunsichert, sollte wissen, dass man jeden entgegenkommenden Kraftfahrer und auch Fußgänger mit einem kurzen Fingerwink grüßt.

Begrüßung

Landesgerechte persönliche Grußformeln sind **Howaya?** *(wie bist du)*, **Hiyis!** *(hi ihr)*, **Howayis?** *(wie seid ihr)*, **How do ye?** *(wie tust du)*, **How goes it?, How's it goin?** *(wie geht es)*, **How's you?, How's yerself?** *(wie bist du)*, **How's you and yours?** *(wie bist du und die deinen)*, **How's your folk?** *(wie sind deine Leute)*, **How're the men?** *(wie sind die Männer)*, **How're ee, lads?** *(wie seid ihr Jungs)*, **How's the form?** *(wie ist die Form)*, **How're ye keepin?** *(wie hältst du dich)*, **How's she cuttin?** *(wie schneidet sie)* und nur in Belfast auch **How's about you?** *(wie ist es mit dir)*.

How's the craic?
Was geht?

Anything strange/startling?
Gibt's was Neues?
[irgendwas komisch/überraschend]

What's on you?
Was ist los mit dir?

Craic bedeutet nicht nur „Spaß" im weitesten Sinne, sondern auch „Neuigkeiten" und wird auf S. 79 ausgiebig vorgestellt.

How's the craic?

Gas hat seine Wurzeln im US-amerikanischen Slang, in dem es „sehr beeindruckend" und „angenehm" bedeutet. In Irland ist damit „lustig" oder „herausragend" gemeint.

Die Antworten können verschieden ausfallen. Zunächst kommen in der Bedeutung „gut" bis „bestens" in Frage: **Gas!** *(herausragend)*, **Mighty!** *(mächtig)* oder **Grand!** *(großartig)*. Längere Ausführungen sind:

I'm spot on!
ich bin haargenau
Mir geht's prächtig.

I'm tearing away!
ich reiße los
Mir geht's 1A.

Things could be a lot worse!
Könnte schlechter sein.

There's no point complaining.
Kein Grund zum Klagen.

I'm not too good!
Es geht mir nicht allzu gut.

I'm up in a heap!
ich bin oben in einem Haufen
Mir geht's gar nicht gut.

I'm in 'n awful way!
ich bin in einem schrecklichen Zustand
Mir geht's so richtig schlecht.

Useless!
Mies. *(zu nichts zu gebrauchen)*

I'm on me last legs!
ich bin auf meinen letzten Beinen
Ich pfeife auf dem letzten Loch.

How's the craic?

I didnt know a bit of ye.
Ich hab dich überhaupt nicht erkannt.

Verabschiedung

See ye.
Bis dann.

I'll be seeing ye!
Bis dann.

Take it handy.
Mach's gut.

*Handy bedeutet im Englischen nicht 'Mobiltelefon', sondern einzig und allein „handlich", „brauchbar", „praktisch" etc. Im irischen Englisch bedeutet **handy** auch „nennenswert" oder „bedeutsam".*

I better be off, but sure I'll see you again!
Ich muss los, aber wir sehen uns sicher!

I'll be heading off now, …
Ich mach mich jetzt in die Spur …

… but sure I'll bump into you again some time!
… aber wir laufen uns bestimmt bald wieder mal übern Weg!

'Twas nice talking to ye, good luck!
War nett, mit dir zu reden, viel Glück!

Safe home!
Komm gut nach Hause!

Here's your hat and what's your hurry.
Willst du schon gehen Gott sei dank, bleib doch noch ein bisschen um Himmels willen. (wird gesagt, um einem aufbrechenden Gast Beine zu machen)

Wörtlich bedeutet der nebenstehende Satz „hier ist dein Hut und wozu deine Eile"!

Grand days & dirty ould days

Grand days & dirty ould days

Es gilt als unhöflich, Fragen ohne Umschweife zu stellen. Vielmehr sollte man die Frage wie zufällig am Ende eines längeren Gespräches fallen lassen. Das will gelernt sein. Was eignete sich wohl besser zum Einleiten eines solchen Gespräches als das Wetter, wechselhaft und schwer vorhersagbar.

schön & warm

'Tis a glorious day!
Was für ein herrlicher Tag!

'Tis marvellous altogether!
Was für ein wundervoller Tag!

'Tis gorgeous weather we're having!
Was für prächtiges Wetter wir haben!

'Tis a grand day!
Was für ein großartiger Tag!

Gay steht in Ulster für „gut", „groß" oder „sehr".

grand weather	großartiges Wetter
gay weather	gutes, schönes Wetter
a soft day	milder Tag mit leichten Schauern
a mighty day	schöner Tag mit warmen, sonnigen Abschnitten
moughy[U]	schwül
to fair up	sich aufklären

Grand days & dirty ould days

kalt & nass & windig

bruckle sayson[U]	sehr unbeständiges Wetter *[spröde Zeit]*
coggley[U]	wechselhaft *[unstabil]*
cogglesome[U]	wechselhaft *[wankelmütig]*
desperate weather	sehr schlechtes Wetter

to be clocking for rain[U]
Regen ausbrütend
es braut sich etwas zusammen

A dirty ould day!
ein schmutziger alter Tag
nasser Tag mit vielen Schauern

dog in the sky / weather-dog[U]
Hund am Himmel / Wetter-Hund
unvollständiger Regenbogen

A dog in the morning will bark before noon.
ein Hund am Morgen wird vorm Mittag bellen
Es wird Regen geben.

An absolute sickener!
ein absoluter Krankmacher
Das Wetter macht einen krank!

The day is only fit for a high stool!
dieser Tag taugt nur für einen Barhocker
Diesen Tag kann man nur in der Kneipe verbringen.

Grand days & dirty ould days

to bucket down	aus Eimern gießen
to dash	schütten
to drook[U]	gießen
'Tis pissing!	Es pisst!
'Tis lashing!	Es prasselt.
plump[U]	starker Regenschauer
dry drizzle	sehr leichter Schauer
brash[U]	Schauer (Hagel)
dissle[U]	Getrippel, Nieselregen
to dissle[U]	trippeln, nieseln
clash[U]	plötzliche Husche
drowned[U]	bedeckt
cat's hair[U]	dünne Wolkenstreifen
drabby[U]	kalt und nass
hardy	frostig
brat[U]	leichte Schneedecke
brattag[U]	Schneeflocke
draughty[U]	windig
fairy wind	plötzliche Windböe
easterlin	Ostwind
a hardy one	ein sehr kalter Tag / eine sehr kalte Nacht

wörtl.: stürzen
wörtl.: nässen

wörtl.: es peitscht
wörtl.: Plumpsen

wörtl.: Anfall
wörtl.: Aufprallen

wörtl.: überflutet
wörtl.: Katzenhaar

wörtl.: Decke

wörtl.: zugig
wörtl.: Elfenwind

wörtl.: ein Ausdauernder

'Twould skin ye!
es würde dich häuten
Eine Kälte zum Umkommen!

'Tis wicked cold!
es ist übel kalt
Es ist bitterkalt!

I'm perished!
Ich komm um (vor Kälte).

Grand days & dirty ould days

The wind would cut through you!
Ist das ein schneidender Wind!

'Tis savage!
es ist grausam
Ist das ein Wind!

Bei kaltem, nassem, windigem Wetter wird auch gesagt:

'Tis desperate!   **'Tis cat!**
es ist sehr schlimm   *es ist schrecklich*
Schlimmes Wetter!   Schreckliches Wetter!

deil's fiddle[U]
ist wörtl. die Teufelsgeige
= das Stöhnen des Herbstwindes,
ein Zeichen für einen bevorstehenden harten Winter

Beschreibungen für sehr kaltes Wetter sind auch folgende Analogien zu Elfen: **it would founder a fairy** *[es würde eine Elfe erfrieren lassen]* und **it would skin a fairy** *[es würde eine Elfe häuten]*.

Parkleben in Dublin

Up to Dublin & down the country

Ob etwas nah oder fern ist, ist relativ. Noch dazu in Irland, wo fehlerhafte Ausschilderungen schon so manchen Reisenden zur Verzweiflung trieben. Handelt es sich um Kilometer oder Meilen?! Doch vielleicht ist der tiefere Sinn dieser „Ungenauigkeiten" schlicht und ergreifend, uns die irische Entspanntheit etwas näher zu bringen.

nah & fern

hard at hand
dicht an der Hand
sehr nahe bei

hen's race[U]
Hennenrennen
Katzensprung

an old man's mile
Meile eines alten Mannes
gar nicht weit

near cut
naher Schnitt
Abkürzung

up yer arse
deinen Arsch hinauf
zu dicht dran

„Sehr nah" ist auch die Bedeutung von Umschreibungen wie **within a donkey's bray** *(in Reichweite eines Eselsgeschreis)*, **within an ass's roar** *(in Reichweite eines Grautiergebrülls)* oder aber **within a beagle's gowl** *(in Reichweite eines Beagle-Bellens)*, wenn man ein anderes Tier nehmen möchte.

Up to Dublin & down the country

to drive Irish tandem
ein irisches Tandem fahren
zu Fuß gehen

around the world for sport
aus Spaß um die Welt
mit der Kirche ums Dorf

to cut your stick[U]
sich seinen Stock schneiden
sich rar machen, sich dünn machen

On Shanks' mare
bedeutet wörtlich
„auf des Beines Mähre"
und heißt „zu Fuß". Es
ähnelt also dem
deutschen „auf Schusters
Rappen".

Orientierung

Man sieht sich unter Umständen mit einer der folgenden, zunächst wohlmeinenden Fragen konfrontiert:

Where ye from at all?
wo kommst du überhaupt her
Wo kommst du (überhaupt) her?

You're new round these parts?
Du bist neu hier in der Gegend?

You're not a local, I take it?
Du bist kein Einheimischer, nehm ich an?

You're not from around, are ye?
Du bist nicht von hier, oder?

An der Aussprache sind
nicht nur Touristen zu
erkennen. Auch Iren
werden durch die
starken lokalen
und regionalen
Ausspracheunterschiede
oft schnell als
ortsfremd erkannt.

Die folgenden Wörter für die vier Himmelsrichtungen sind direkte Übersetzungen aus

Up to Dublin & down the country

across the water
= wörtl.:
jenseits des Wassers;
bedeutet schlicht
„in Großbritannien"

dem Irischen: **over** für Osten, **back** für Westen, **up (above)** für Norden, **(down) below** für Süden. Einheimische benutzen häufig die Wendungen **down from** und **up from** für „aus dem Süden" und „aus dem Norden". So heißt es **going up to Dublin,** denn der Ire fährt grundsätzlich „hoch" nach Dublin und **going down the country,** sprich „runter" ins Land, egal, woher er kommt und wohin er des Weges ist.

Spitznamen

Verschiedene irische und nordirische Orte, Landstriche und Lokalitäten sind umgangssprachlich unter Spitznamen bekannt.

*Besonders typische Vertreter der eigenen Art, die übertriebene nationale Merkmale ausstrahlen, bezeichnen die Iren schon einmal als **Paddy** oder etwas abfälliger als **Mick**, also mit Begriffen, die eigentlich eher von Nichtiren verwendet werden.*

Kathleen ní Houlihan
Personifikation Irlands
Emerald Isle *wörtl.: smaragdgrüne Insel*; Irland, vor ca. 200 Jahren geprägter Begriff
Emerald Tiger *wörtl.: smaragdgrüner Tiger*; Irland, Analogie zu boomenden „asiatischen Tigern", 1996 geprägt vom US-Magazin Newsweek
Dingleycooch
wörtl.: Dingle; sehr abgelegener Ort
Ballygobackwards
Provinznest/Posemuckel
Behind God Speed
wörtl.: hinter viel Glück; extrem abgelegener Ort, so sehr, dass gute Wünsche dort nicht ankommen

Up to Dublin & down the country

the Fair City
wörtl.: die schöne Stadt; Dublin
the Norrier
die North Circular Road in Dublin
the Bots Botanic Gardens in Dublin
Chas Mahal *wörtl.: ein Wortspiel bezogen auf das Taj Mahal in Indien;* Regierungsgebäude auf der Marrion Street in Dublin
Mickey Márbh
Stillorgan, Vorort von Dublin
the Athens of Ireland Cork, so genannt wegen seiner vielen Schriftsteller im frühen 19. Jahrhundert
City of the Broken Treaty Limerick
Marble City Kilkenny
Samson and Goliath
Kräne der Belfaster Schiffswerft Harland and Wolff
Andytown Andersonstown, republikanischer Vorort von Belfast
Maiden City Derry/Londonderry
Stroke City* Derry/Londonderry
Cholesterol Coast
Küste der nordirischen Grafschaft Antrim, wo zum Frühstück das fettig-üppige
Ulster fry serviert wird
the Faithful County Grafschaft Offaly
the Garden County Grafschaft Wicklow, bekannt für seine vielen Gärten
the Model County Grafschaft Wexford
the Banner County Grafschaft Clare
the Lake County Grafschaft Westmeath

*wörtl.: Schrägstrich-Stadt, weil es Versuche gab, die Variante der Unionisten („Londonderry") und die der Republikaner („Derry") mittels „Londonderry-stroke-Derry" zu vereinen, um es allen recht zu machen.

Up to Dublin & down the country

Die ortstypische Aussprache von „does not" als **disney** in Ballymena, Grafschaft Antrim, verleiht der Stadt den amüsanten Spitznamen **Disneyland**:

Child kann im irischen Englisch auch „Mädchen" bedeuten.

The child disney like her breakfast.
Das Mädchen mag sein Frühstück nicht.

Leute aus bestimmten Orten

Die Landeier, wozu praktisch jeder Nicht-Dubliner gehört, nenn man **culchie** *(einer-aus-Kiltimagh)*, **mulchie** *(einer, der nicht vom Lande, aber aus einer anderen Stadt als Dublin kommt)*, **bogtrotter** *(Moortraber)*, **bogman** *(Moormann)* oder **muck savage** *(ordinärer Wilder)*.

Der Legende nach brachten die Briten die Wanzen mit nach Irland.

bug	wörtl.: Wanze; abfällig für Engländer
sassenach[U]	wörtl.: Sachse; Engländer(in)
far-downer[U]	wörtl.: jemand von weit unten; jemand aus Donegal
Dub	Selbstbezeichnung der Dubliner
Molly Malones	Dubliner
Jackeen	wörtl.: Jackchen; abfällige Bezeichnung für Dubliner (Herkunft unbekannt)
howayah	Bezeichnung der Süd-Dubliner für die Nord-Dubliner
blow-in	wörtl.: Hereingeschneiter; Zugezogener (diese Definition kann auch jemanden treffen, der schon seit zwanzig Jahren vor Ort ansässig ist)

howayah = Grußformel der Norddubliner

Up to Dublin & down the country

Sprachliche Besonderheiten innerhalb Irlands spiegeln sich in den folgenden Begriffen:

> **brogue** *wörtl.: Schuh, Stiefel;* (starker) irischer Akzent; abgeleitet von der Vorstellung, dass Sprecher klingen, als hätten sie beim Sprechen einen Schuh auf der Zunge
>
> **buckles on brogues** *wörtl.: Schnallen auf den Schuhen;* offensichtlich imitierter, vornehmer Akzent
>
> **dortspeak** *wörtl.: DART Akzent;* Akzent des irischen Mittelstandes (DART=Dublin Area Rapid Transit), der mittlerweile von einem anglo-amerikanischen Jargon überlagert ist
>
> **jailic** *wörtl.: „Knastisch";* von irischen Gefangenen in Long Kesh und Belfast mittels der Inschriften auf den Zellenwänden entwickelte Sprache

Im DART-Akzent werden die Vokale der jeweiligen britischen Ursprungsregion imitiert, z. B. **I loik it.** *statt „I like it".*

Schilderwald in der Grafschaft Meath

Dead on two

Die Fahrenden

Während die **travellers** bzw. **travelling people** (Fahrende) jahrhundertelang als Kesselflicker, Wanderarbeiter, Geschichtenerzähler und Wahrsager, Pferdehändler und Scherenschleifer durchs Land zogen, so leben sie heute meist an der städtischen Peripherie. Selbst nennen sie sich auch **mink** *(Nerz)*; vielleicht weil der sich schnell fortbewegende Nerz als wertvoll und gleichzeitig als Schädling gilt. Abfällige Bezeichnungen für die Fahrenden sind **caird**[U] *(Schmied)*, **tinker** *(Kesselflicker)* und **knacker** *(Abdecker/Pferdeschlächter)*. Ihre „Geheimsprache", die viele Elemente des Irischen enthält, nennt man **Shelta** bzw. **Sheldru** *(Fahrendendialekt)*, **Gammon** oder **Minker's Tawrie** *(Kesselflickersprache)*. Sie umfasst heute nur noch eine sehr begrenzte Anzahl von Wörtern und wird mit dem Englischen verwoben.

Dead on two

In jedem Land gibt es gewisse Daten und besondere Tage, die dem Interessierten bekannt sein sollten. Der **St Patrick's Day** zählt sicher zu den geläufigeren. Doch wer kennt schon **Imbolg, Lughnasa** und **Samhain?** Aus diesem Grunde:

Dead on two

Bloody Sunday *wörtl.: blutiger Sonntag;* am 30. Januar 1972 wurden im Rahmen einer Bürgerrechtsdemonstration in (London)Derry 13 Demonstranten von britischen Truppen erschossen

St Bridget's Day / Imbolg 1. Februar, keltisches Fest, traditionell der erste Tag des Frühlings

Collop Monday *wörtl.: Eier-&-Speck-Montag;* Rosenmontag, an dem traditionsgemäß Eier und Speck bzw. Schinken gegessen wurden

Cock Tuesday *wörtl.: Hahn-Dienstag;* Fastnachtsdienstag, an dem traditionellerweise ein junger Hahn zum Abendessen serviert wurde

St Patrick's Day eine Woche lang rund um den 17. März feiert man in Dublin und andernorts im Namen des St. Patrick, der das Christentum nach Irland brachte

Chalk Sunday *wörtl.: Kreide-Sonntag;* oder **Puss Sunday** *wörtl.: Schmoll-Sonntag;* erster Sonntag im Frühjahr

Fool's Day *wörtl.: Narren-Tag;* 1. April (Tag der Aprilscherze)

May Day bzw. das keltische Fest **Bealtaine** *wörtl.: helles Feuer;* 1. Mai, Fest des Lebens und der Erneuerung, Gegenteil von **Samhain**

Bloomsday Erlebnisse von Protagonist Leopold Bloom am 16. Juni (1904) in James Joyces „Ulysses" werden seit den 1950ern jährlich begangen

Chalk Sunday und Puss Sunday haben ihre Namen daher, dass früher die Rücken der Unverheirateten zu Beginn des Frühjahrs während der Messe heimlich mit Kreide markiert wurden, bzw. die unverheirateten Mädchen „schmollend" herumliefen, weil sie noch nicht unter der Haube waren.

Dead on two

> **Lughnasa** 1. August, Fest des keltischen Gottes Lugh, wurde mit Sportveranstaltungen begangen
> **Halloween / Samhain / November Eve** 1. November (Allerheiligen) war zuvor ein keltisches Fest des Winters und des Todes. Man glaubte, dass an diesem Tag die Toten in ihre Häuser zurückkehrten
> **Crimbo / Chrissimiss**[U] Weihnachten
> **Old Year's Night** Silvester

Andere Zeiten

Viele Iren zeichnen sich durch eine Engelsgeduld aus. Kommt der Bus nicht gleich, kommt er sicher später. Fahrpläne dienen nur zur gröbsten Orientierung.

	evening	jede beliebige Zeit nach dem Lunch
	half eight	halb neun
wörtl.: völlig auf zwei	**dead on two**	Punkt zwei Uhr
wörtl.: Freitag acht Tage	**Friday eight days**	Freitag in einer Woche
wörtl.: Dienstag erster	**Tuesday first**	nächsten Dienstag
wörtl.: schwarzer Monat	**black month**	November
wörtl.: ergrauende Tage	**greying days**	Herbst
	holliers	Ferien, Urlaub
	to piddle[d]	seine Zeit vertrödeln
wörtl.: in Spielzeit	**in jig time**	in null Komma nichts
wörtl.: Eselsgalopp	**ass's gallop**	kurze Zeitspanne
wörtl.: Eselsjahre	**donkey's years**	lange Zeitspanne
	in them days	damals
	'tis years	es ist Ewigkeiten her

Fair dues & Away with ye!

Schiebt jemand etwas auf die lange Bank, so heißt es in Anlehnung an das Irische **to long-finger something** *(etwas lang-fingern)* oder **to put something on the long finger** *(etwas auf den langen Finger legen)*.

the last hough in the pot
der letzte Essensrest im Topf
Bummelletzter

Für „letzten Endes" oder „schließlich" heißt es **in the heel of the hunt** *(am Ende der Suche)* oder **in the heel of the reel** *(am Ende der Garnrolle)*.

Fair dues & Away with ye!

Ohne **fair enough** und **grand** kommt keiner durch Irland. Doch es gibt noch viele andere Arten der Zustimmung und natürlich ebenso viele etwas abzulehnen.

Zustimmen		
Aye.	Ja.	
Fair enough.	In Ordnung.	*wörtl.: fair genug*
Bang on.	Korrekt.	*wörtl.: genau drauf*
On the sod.	Aufs Haar genau.	*wörtl.: aufs Rasenstück*
Deffo.	Klar. Definitiv.	*Abkürz. von* **definitely**
Fair dues!	Alle Achtung!	*wörtl.: faire Taten*

Fair dues & Away with ye!

Die Wendungen **Just-a-meet!**[U] *(genau ein Treffen)* und **Just na!**[U] *(genau nein)* sind eine weitere Art der Zustimmung und bedeuten: Genau!

wörtl.: faires Spiel	**Fair play!**	Gut gemacht!
wörtl.: Schwermetall	**Heavy metal!**	Du dickes Ei!
wörtl.: keine Mühe	**No bother.**	Kein Problem.
wörtl.: kein Schweiß	**No sweat.**	Kein Ding.

That's the element![U]
das ist das Element
Genau das ist es!

Is that the way?
ist das so
Tatsache?

Sound as a pound.
einwandfrei wie ein Pfund
Da stimme ich zu.

Now you're suckin diesel!
jetzt ziehst du Diesel
Das lässt sich schon eher hören!

Ablehnen

Die patzige Antwort auf die Frage nach dem Warum („darum!"): **a zed,** was wörtlich „von A bis Z" bedeutet. Eine Wortspielerei mit **not at all** ist hingegen **not atallatall** in der Bedeutung „überhaupt nicht". Sehr idiomatisch wird es bei **to be fit to be tied,** was „eine Stinkwut haben" bedeutet; nämlich so wütend, dass man wörtlich: *bereit ist, um festgebunden zu werden.*

catergully[U]
= *Aufeinanderstürzen von Katern, sprich eine lautstarke Auseinandersetzung*

Fair dues & Away with ye!

not the five fingers
nicht die fünf Finger
nicht fair / anständig, nicht das Wahre

to be burned out
ausgebrannt sein
die Nase gestrichen voll haben

to set someone's beard in a blaze
jemandes Bart in Brand stecken
jemanden zum Kochen bringen

Jemanden rügen oder maßregeln heißt **to give somebody down the banks** *(jemandem die Corker Hymne runter geben)* oder **to go through someone for a short cut** *(durch jemanden für eine Abkürzung gehen).*

to be dead nuts on something[J]
total verrückt auf etwas sein
auf hundert sein, etwas stark ablehnen

I don't boil my cabbage twice.[J]
ich koch meinen Kohl nicht zweimal
Ich sag doch nicht alles zweimal.

Pull up your socks!
zieh deine Socken hoch
Reiß dich am Riemen!

to give someone a bollocking
jemandem eine Standpauke geben
jemanden zur Sau machen

Five fingers steht für die Fünf der Trumpfkarte beim Kartenspiel, vermutlich daraus abgeleitet auch für „hervorragend".
Not the five fingers *ist also „nicht hervorragend" im weitesten Sinne.*

Die Wendung basiert auf der Tatsache, dass Kohl schon immer das liebste Gemüse der Iren war.

Fair dues & Away with ye!

I hae me doots.[U]   **Are ye codding me?**
Das bezweifle ich.   Verarschst du mich?

You're havin me on!
Das ist nicht dein Ernst!

Dann gibt es eine Reihe von Ausdrücken im Sinne von „Das ist nicht dein Ernst!/Das kannst du vergessen!": **Go away with you!, Away with ye!** und **Away on!** Als ironische Antwort wird **Aye right!** *(ja klar)* im Sinne von „Aber klar doch/Kannste vergessen!" verwendet. Und das kann man weiterspinnen zu einem „Fick dich!", was die Iren auch ausdrücken können ohne das Wörtchen **fuck** in den Mund zu nehmen: **I will in me arse!** *(ich werde in meinem Arsch).* Statt **arse** kann auch **bollix** *(Hoden),* **hole** *(Loch)* oder **fanny** *(Möse)* genommen werden.

wunderbar

Janey Mack me shirt is black. What will I do for Sunday? Go to bed and cover your head. And don't get up till Monday.

Da wäre zunächst **Janey Mack!,** was „Wow! Jesus!" ausdrückt und dem nebenstehenden Dubliner Kinderreim entnommen ist:

Massive!	Prächtig!
Grand!	Großartig!
Deadly!	Klasse! *(tödlich)*
Rapid!	Wahnsinn! *(schnell)*
Stickin out!	Hervorragend!
By-common![U]	Außergewöhnlich!
That's brill(o)!	Geil! *(das ist brilliant)*

Fair dues & Away with ye!

Dat's gift![d]	Fantastisch! *(Das ist geschenkt!)*
Grand job!	Hervorragend! *(Großartige Arbeit!)*
Oxo!	Okay!
away with oneself[U]	hin und weg
to be a wheeker[U]	ein Knaller sein

Oxo *ist der Markenname eines Fleischextraktes (***ox** *= Rind), Analogie zu okay.*

best thing since sliced bread / pan
das beste seit geschnittenem Brot
das Nonplusultra

Pan *wird in Irland als Synonym für „Brot" verwendet.*

game ball
letzte Runde im Handballspiel
hervorragend, okay

schrecklich

to be wojus	nichts taugen
to be feeling wick	sich schämen *(sich nutzlos fühlen)*
brutal	schlimm *(brutal)*
cat[U]	schrecklich

Wojus *ist eine Zusammensetzung aus* **woeful** *(erbärmlich) und* **atrocious** *(scheußlich).*

Cat *ist entweder eine Abkürzung für* **catastrophic** *(katastrophal) oder vom irischen* **cat marbh** *(Katastrophe) abgeleitet.*

Dubliner Gegensätze

Fair dues & Away with ye!

to salt someone's cabbage[U]
jemandem den Kohl versalzen
jemanden bestrafen

Dingleycooch ist ein unvorstellbarer Ort.

to send someone to Dingleycooch
jemanden nach Dingle schicken
jemanden schneiden

to put a kick in someone's gallop
jemandem in den Galopp treten
jemandem einen Knüppel zwischen die Beine werfen

to show someone the north side of your countenance
jemandem die Nordseite seines Antlitzes zeigen
jemandem die kalte Schulter zeigen

to drive someone into a cocked hat
jmd. in einen Dreispitz(Hut) treiben
jemanden wütend machen

to eat the face off someone[U]
jemandem das Gesicht abfressen
jemandem den Kopf abreißen

if hardy comes to hardy
wenn hart zu hart kommt
wenn es ganz schlimm kommt

to be jumping mad
sprungverrückt sein
auf hundertachtzig sein

Gostering

to not be within an ass's roar of doing something
nicht mehr als einen Eselsschrei davon entfernt sein etwas zu tun
nicht die geringste Chance haben

Gostering

Eines muss man den Iren lassen. Sie können reden, was das Zeug hält. Das spiegelt sich auch in der Vielzahl der Bezeichnungen für quatschen, quasseln, tratschen und dergleichen wider: **to crack** *(krachen)*, **to clatter** *(klappern)*, **to clype** *(spitzeln)* und **to gab**[U] *(Mund)*. Ein Schwätzchen oder eine Plauderei bezeichnet man als **goster** *(Unterhaltung)* oder auch **jaa** *(Kiefer)*, wobei Letzteres auch „Standpauke" bedeuten kann. Ist es insgesamt einfach nur „sinnloses Gequatsche", nennt sich das **blather.**

blabberin	gesprächig *(plappernd)*
giff-gaffy	gesprächig, freundlich *(gebend nehmend)*
to blarge away	losschießen
to butt at[U]	auf etwas anspielen *(stoßen auf)*
banjaxed	sprachlos, baff *(nieder-/zusammengeschlagen)*
gob	Klappe *(Irisch: Mund/Schnabel)*

to blarge away ist eine Kombination aus pfuschen und prallen

Gostering

wörtl.: hineinmurmeln
wörtl.: ohrwurmen

wörtl.: Kracher

to chirm in[U]	dazwischenreden
earwigging	jemanden beim Gespräch belauschen
crack	gute Geschichte, Witz

Jemand, der immer Neues zu berichten weiß, ist ein **good gaff**[U] *(guter Klatsch)*, die Quasselstrippe ist eine **clatterbox** *(Klapperkiste)*, **chatter-bag** *(Plaudertasche)*, **gabby**[U] *(kleiner Mund)*, **geebag** *(Windbeutel; Schaumschläger; meist für Frauen)* und **balloon**[U] *(Ballon)*.

to have the gift of the gob/gab
die Gabe des Mundes haben
wie ein Wasserfall reden können

to talk like a ha'penny book
wie ein Dreigroschenroman reden
Unsinn quatschen

to go about the bush
um den Busch herumgehen
um den heißen Brei herumreden

Klatsch und Tratsch nennt man **the crack** *(Krachen)*, **bizz** *(Gerede/Gerücht)*, **clatter** *(Klappern)* und **connysure** *(Herkunft nicht bekannt)*. Gerüchte kennt man als **clashmaclaver**[U] *(Tratschgeschwätz)*, **ball-hop** *(Ball-Hüpfen)* und **carried story**[U] *(weitergetragene Geschichte)*. Das Klatschmaul ist ein **clab** *(Mund)*, **clatterer**[U] *(Klapperer)*, **clash-bag**[U] *(Tratsch-Tasche)* und das böswillige Klatschmaul ein **cut-throat**[U]

Gostering

(Halsabschneider).

Has the cat got your tongue?
hat die Katze deine Zunge geholt
Sprichst du nicht mehr mit mir oder was?

What's the crack? **Are ye with me?**
Was ist los? Kannst du mir folgen?

That bates all. **Keep your alans on!**
das schlägt alles *behalt deinen Schlüpfer an*
Ist nicht wahr! Bleib mal schön ruhig!

Will man zum Ausdruck bringen, dass man „nicht von gestern ist", gibt es mehrere bunte Varianten, die alle mit **I didn't come ...** beginnen:

... up on the last load.
... mit der letzten Fuhre rauf
... up the river on a bike.
... mit dem Fahrrad den Fluss rauf
... up the Foyle in a bubble.
... in einer Luftblase den (Fluss) Foyle rauf

Shut your bake. **Keep in your melt.**
schließ den Schnabel *lass deine Zunge drin*
Halt den Mund. Halt die Klappe.

Hold your gob.
halt deinen Mund
Halt die Schnauze.

*Ein **come aff**[1] ist eine schlagfertige, freche Antwort oder unpassende Bemerkung*

*Jemand, der durch sein Erscheinen jedes Gespräch zum Erliegen bringt, ist ein **deadener**[1] (Abtöter).*

49

Blather, loopers & headers

Mit der Kunst des ausdrucksstarken Fluchens durchaus vertraut, kennen die Iren diverse Bezeichnungen für die Dummen und Verrückten. Und wo viel geredet wird, lässt sich auch Unsinn nicht vermeiden: Man nennt ihn **wick** (*Nutzloses*), **blethers**, **blather** (*dummes Gerede*), **guff** (*Wind*), **bumbee-work**[U] (*Hummel-Arbeit*), **bibbles** (*Quatsch*), **bibble-babble** (*Quatsch-Geplapper*), **havering** (*unsinniges Gerede*) und **codology**[U].

Nimmt man jemanden wohlmeinend auf den Arm, nennt man das to cod.

I was only coddin.
Hab nur Spaß gemacht.

to act the maggot
die Marotte spielen
herumalbern, Unsinn machen

Dat's de greatest load of bollix I ever heard.[d]
Das ist der größte Quatsch, den ich je gehört hab.

dumm

Es gibt auch viele Begriffe rund um den Grad an Beschränktheit: **daft** (*doof*), **clumsy** (*plump*), **stupid** (*dumm*), **dozy** (*schläfrig*), **dazed** (*verwirrt*), **doitered**[U] (*verdummt*) und **doldrum**[U] (*Flaute*). Will man es etwas drastischer à la „strohdumm" bis „saudumm" darstellen:

Blather, loopers & headers

thick *(dick)*, **fat in the forehead**[U] *(leer in der Stirn)* oder **buck stupid**[U] *(Irisch: männlich dumm)*.

as thick as a ditch
so dick wie ein Graben
bescheuert

as dense as bottled shite
so dicht wie Scheiße in Flaschen
saublöd

Für die Dummen hat man auch so seine Namen: **gomey** *(Irisch: Narr)*, **saftie** *(Weichie)*, **daftie** *(Doofie)*, **looper** *(einer, der durcheinander ist)*, **dowfart**[U] *(Tauber)*, **gunterpake**[b], **Cooreen Caw**, **ninny hammer** *(plumpe Person = Dussel)* und **bungalow.** Letzteres beschreibt jemanden mit begrenzten mentalen Kapazitäten, denn wie beim Bungalow ist oben drauf bzw. innen drin nicht viel.

Don't be daft!
Sei nicht blöd!

You haven't the grass of a hen!
Was weißt du denn schon!

gar nicht dumm

Für das Gegenteil von Dummheit gibt es nicht ganz so viele Bezeichnungen. Da wäre **crafty** *(geschickt = pfiffig)*, **knacky** *(schlau)*, **loo-**

Blather, loopers & headers

py[U] *(gewunden = gewieft)*, **to have a head** *(einen Kopf haben = intelligent sein)*, **cute hoor** *(schlaue Hure = skrupelloses Schlitzohr)* und der **glick fucker** *(Irisch: schlauer Ficker = raffinierter Hund)*.

Hoor wird vor allem für Männer verwendet und entspricht in etwa **bastard** *= Scheißkerl.*

to catch oneself on[U]
sich eines Besseren besinnen

verrückt

Ist man nicht mehr ganz bei Verstand, ist man **half-baked** *(halb-gebacken)*, **half-boiled** *(halb-gekocht)*, **not half in it** *(nicht halb drin; d.h. etwas unzurechnungsfähig)*, **gone with it** *(mitgegangen)*, **puggled** *(fertig)* und das alles nennt man **to go a bit off (it)** *(ein bisschen ab gehen davon)*, sprich durchdrehen oder verrückt werden. Den Verrückten nennt man **header** *(Kopfer)*. Hat man nicht alle beisammen, wird dies gerne so umschrieben:

mentaller = Knaller

to have a wee softness
eine kleine Weichheit haben
etwas weich in der Birne sein

Die letzte Wendung auf dieser Seite stammt vermutlich aus der Leinenindustrie, für die Ulster seit dem 17. Jh. bekannt ist.

to be not the full shilling
nicht der volle Schilling sein
nicht ganz richtig im Kopf sein

to have only eleven cuts to the hank[U]
nur elf (von zwölf) Längen im Garnmaß haben
nicht alle Tassen im Schrank haben

The man above & cup-tossing

to act the jinnit
sich wie das Maultier benehmen
sich irrational benehmen

Her head's a marlie.
ihr Kopf ist eine Murmel
Sie ist nicht ganz klar im Kopf.

His head's in a creel.
sein Kopf ist in einem Korb
Er ist geistig verwirrt.

The man above & cup-tossing

Früher glaubte man, dass das Tragen von auf den Aran Islands gefertigten Pullovern mit bestimmen Strickmustern dem Träger Glück bringen würde. Ein Traum, in dem ein Pferd vorkam, sollte ebenfalls Glück bringen, einem toten Pferd die Hufeisen abzunehmen hingegen Unglück.

Glück & Unglück

jammy bastard
hervorragender Scheißkerl
verdammter Glückspilz

Luck's round!
Glückes Runde
Viel Glück!

to have the shamrock
das Kleeblatt haben
Glück haben

The man above & cup-tossing

to be away on the hack
mit dem Pferd davon sein
Glück haben

to miss the crow an hit the corbie
die Krähe verfehlen und den Raben treffen
nicht das Beabsichtigte, doch etwas ebenso Gutes erreichen

Es gibt noch mehr Glücksvögel: Der erste Junge oder Mann, der am ersten Weihnachtsfeiertag das Haus betritt und traditionell für einen Glücksbringer gehalten wird, ist ein **lucky bird** *(Glücksvogel)*. Ein **lucky stone**^U *(Glücksstein)* ist ein Stein mit natürlichem Loch, der als Glücksbringer um den Hals getragen werden kann. Die Münze, die man früher als Glücksbringer dem Käufer bzw. Verkäufer gab, um den Handel unter einem guten Stern zu besiegeln, nennt man einen **luck penny** *(Glückspenny)*.

*Der **lucky stone**^U entspricht dem im Osten Deutschlands verwendeten Begriff „Hühnergott".*

be on the pig's back
auf dem Schweinerücken sein
ein Glückspilz sein

Aber **bad cess**^U *(schlechter Erfolg = Pech)* und **divilment** *(Teufelei = Unheil)* führen zum glatten Gegenteil:

to have the pig on your back
das Schwein auf dem Rücken haben
unglückselig sein

The man above & cup-tossing

to be donsie[J]
Pech habend sein
unglückselig, glücklos sein, Pech haben

■ Erstkommunion in Carrick-on-Shannon, County Leitrim

Irland stand einst für Frömmigkeit, vor allem für Katholizismus. Doch Kirchenbesuch und Beichte sind vielerorts nicht mehr die Regel, sondern die Ausnahme.

Religion

Gott nennt man **the man above** (den Mann droben), **your man** (deinen Mann) oder **the good man** (den guten Mann). Sein Gegner ist und bleibt laut der Kirche der **divil, deil** (beides: Teufel), **bad man below** (schlechte Mann unten), **the ould man** (der alte Mann), **the black man** (der schwarze Mann), **hornie** (der Hörner Tragende), **clootie** (Pferdefuß), **donse** (Pech) oder **his knabs** (seine Hoheit), allesamt Synonyme für den Teufel.

Ein Fluch im Gewand einer „göttlichen" Anrufung hört sich so an: **Jaysus!, Jasez!, Jabus!, Jasus!, Japers!, Jakers!, Jay!, Jayz!, Jesus tonight!** – alles Entsprechungen für ein „Jesus!", dann **Holy God!** (heiliger Gott), **Holy**

The man above & cup-tossing

James's Street ist eine Hauptverkehrsstraße in Dublin, die ihren Ruhm vor allem der Guinness-Brauerei verdankt, da diese seit 1759 dort zu finden ist. Ihre Bekanntheit nutzte man früher, um zum Fluchen nicht Heiligeres in den Mund nehmen zu müssen.

Mother (of God)! *(heilige Mutter Gottes)*, **Holy poker!** *(heiliger Feuerhaken)*, **Lawny!** *(Irisch: Fülle Gottes)*, **James's Street!** oder **Lomine!**[U] *(mein Herr)*.

dályon	Wort der Fahrenden für Gott *(Irisch: Gott)*
God bless!	Gott segne Sie!
Man (a) dear!	Du lieber Himmel! *(Mann ein lieber)*
Begor!	Bei Gott!

Weitere mäßige Flüche, die das Heilige zur Hilfe nehmen, sind:

Holy flip me pink!
Zum Teufel!

By the holy frost!
beim heiligen Frost
Teufel noch mal!

Jays nennt man die Jesuiten.

crawthumper	extrem fromme Person *(Magenschläger)*
Holy Mary/Joe	Scheinheilige/r
devil's dozen	dreizehn *(Teufels-Dutzend)*
to say a hailer	ein Ave Maria aufsagen
pater-and-ave	Vaterunser und Ave Maria
confo	Konfirmation
homeboy	ehemaliger Bewohner einer religiösen Einrichtung
mortaller	katholische Todsünde *(wörtl.: Todbringende)*

The man above & cup-tossing

to get one's pot scripped
zur Beichte gehen

to make your soul
seine Seele machen
zur Beichte gehen

to have the patience of a saint
die Geduld eines Heiligen haben
eine Engelsgeduld haben

let the priest say mass
= den Priester die Messe lesen lassen;
das richtet man an jemanden, der überflüssige Ratschläge gibt

Gern wird der Papst in Witzen verhohnepiepelt. Da nur noch die Abtreibung per Gesetz verboten ist, nicht mehr aber Scheidung und Verhütung, werden auch diese Themen gern behandelt:

The Pope has just authorized a new birth control pill. It's three ton in weight. Ye prop it agin the bedroom door.
Der Papst hat gerade eine neue Antibabypille genehmigt. Die wiegt drei Tonnen und man lehnt sie gegen die Schlafzimmertür.

Mythologie und Aberglaube

pishogue	Aberglaube, Zauber	
jubious	abergläubisch	
heavy eye	der böse Blick	
croaked	dem Tode geweiht	*wörtl.: gekrächzt*
croaker	Unheil Verkündender	*(krächzender Rabe*
broo[U]	Hexe (verwandelt sich in Hasen)	*kündigt Tod an)*

The man above & cup-tossing

Eine wichtige Gestalt ist **St Bridget:** Irlands Nationalheilige, Beschützerin der Schafherden, Hüterin des heimischen Herds und Leiterin der Geburten. Im ganzen Land sind ihr noch heute heilige Quellen geweiht. Ein **breedog** ist eine Figur, die St. Bridget verkörpert und das **Candlemas cross** ist das St. Bridgets-Kreuz der Katholiken; ein kleines Kreuz, das am 1. Februar (St. Bridget's Day) aus Stroh geflochten und am 2. Februar **(Candlemas)** geweiht wird.

sheela ist ein altes Wort für Frau

Darüber hinaus gibt es **sheela-na-gig,** eine weibliche Figur, die ihr Geschlecht offen zur Schau stellt und daher lange Zeit tabuisiert wurde; das keltische Inbild derber Sinnlichkeit.

	even-ash Eschenblatt mit gerader Anzahl von Einzelblättern (dient der Wahrsagerei)
wörtl.: Tassen-Schleudern	**cup-tossing** Wahrsagen aus Teeblättern, die auf die Untertasse geworfen werden
wörtl.: den Zauber haben	**to have the charm**[U] Kunst des traditionellen Heilens beherrschen
wörtl.: Fasten-Speichel	**fasting-spittle**[U] dem Speichel einer Person, die noch nicht gegessen hat, werden Heilkräfte nachgesagt
wörtl.: Fluch eines irischen Mönchs (auf dich)	**curse of Colmcille (on you)**[U] spaßhafter Fluch an jemand, der einen Schuh vor dem zweiten Socken anzieht
wörtl.: samstags wegziehen, kurzes Sitzen	**Saturday flit, short sit** Aberglaube nach dem man ein Krankenhaus nie samstags verlassen sollte, da sonst Unheil und baldige Wiedereinweisung drohen

The man above & cup-tossing

to put the blind on someone
das Blinde auf jemanden tun
jemanden verwünschen

to put the blah on someone[U]
das Blahblah auf jemanden tun
jemanden verwünschen

Der folgende Ausspruch wurde früher hin und wieder beim Betreten eines Hauses benutzt, weil man glaubte, dass Katzen teuflische, bösartige Wesen seien:

God bless everyone here but the cat
Gott segne jeden hier außer der Katze

Die Anderswelt

Als Zugang zur Anderswelt galten unter den Inselkelten Höhlen, Seen und Quellen. Im Rahmen der Christianisierung wurden die Anderswelt-Gestalten zu Feen bzw. Elfen, den Bewohnern der **síd,** der Feen-Hügel. Bis ins 19.Jh., teilweise sogar bis in die 50er Jahre des 20. Jh., begegnete die Landbevölkerung diesen Gestalten mit Respekt, schließlich besaßen sie Macht über das Wetter und damit auch die Ernte und konnten somit über Leben und Tod entscheiden.

Elfen nennt man **the good people** (*die guten Leute*), **wee folk**[U] (*kleine Leute*), **the gentle people** (*die sanftmütigen Leute*), **gentry** (*die Elfenmenschen*) und **the little people** (*die kleinen*

The man above & cup-tossing

Leute), eine verkitschte Bezeichnung der Elfen durch die Tourismusindustrie. Böse Elfen sind z. B. **gancanagh** *(eine der niederen und bösartigeren Elfen)* und **banshee** *(weiblicher Geist)*. Letztere ist eine Elfe im Südwesten Irlands – auch die „Klagende" genannt –, die nachts mit ihren Klageschreien den Tod eines Verwandten ankündigt.

In Ulster bezeichnet der **gruagach** *eine weibliche, durch und durch bösartige Figur.*

> **leprechaun** Irisch: kleiner Körper; zwergenähnlicher, hässlicher Geselle; ursprünglich Schuhmacher der Elfen, der dem, der ihn fängt, die Stelle zeigt, wo Töpfe voll Gold in der Erde liegen
> **gruagach** gutmütiger Elf, der die Ernte der Bauern schützt, aber Verderben bringt, sobald man versucht, ihm mit einer Opfergabe zu danken
> **loughryman**[U] Irisch: Zwerg; kleines behaartes Wesen, das in den Wäldern lebt (kein Elf)
> **pooka** böser Elf, der seine Gestalt verändern kann (greift oft als schwarzes Pferd Menschen an und tötet sie)
> **brownie**[U] nützliche aber immer zu Streichen aufgelegte Elfe, die sich in einem Haushalt niederlässt
> **fairy glens** abgeschiedene Täler in den Grafschaften Antrim und Donegal
> **fairy bit** Essen, das übrig gelassen wird, um die Elfen milde zu stimmen
> **blink** Zauber
> **cawhake** Bann, Fluch

The man above & cup-tossing

> **elf-shot** *wörtl.: Elfenpfeile;* durch Elfen hervorgerufene Viehkrankheit bzw. verzauberter Zustand eines Menschen
> **aaba-knot**[U] *wörtl.: Knotenschnur;* Zaubermittel zum Heilen von Vieh

away with the fairies
weg mit den Elfen
nicht richtig im Kopf, nicht von dieser Welt

Hugita ugitas, iskey sollagh!
Achtung! Schmutziges Wasser! (Irisch)
Zauberformel zur Warnung der Elfen, wird ausgerufen, bevor Schmutzwasser zum Fenster hinaus geschüttet wird

Folgendes wird gesagt, wenn jemand niest, da man glaubt, dass Elfen unempfindlich gegen Kälte sind:

You're not a fairy!
du bist keine Elfe

Newgrange, steinzeitliche Megalithanlage im County Meath

Keeping the bones green

Keeping the bones green

Krank wird man überall. Doch der Ire ist raffiniert genug: streckt ihn einmal eine Erkältung hernieder, verordnet er sich einen heißen Whiskey, auch **hot toddy** *(heißer Punsch)* genannt. Natürlich ausschließlich um der Genesung willen ... Das alte irische Hausmittel wirkt jedoch in der Tat Wunder, insbesondere bei Erkältungen.

wörtl.: herzig	**hearty**	gesund
wörtl.: bei sich	**at oneself**[U]	gesund
wörtl.: stämmig	**stubbly**	gesund, robust, kräftig
wörtl.: herumkommen	**to come round**[U]	genesen
wörtl.: bezwungen	**dowsy**[U]	sehr krank und schwach
wörtl.: herz-krank	**heart-sick**	sehr krank
wörtl.: unter der Egge	**under the harrow**	ernsthaft krank
Irisch: elend	**dawney**	ungesund aussehend
	cattered[U]	ungesund aussehend
wörtl.: erschüttert aussehen	**to look shook**	schlecht, blass aussehen

to keep the bones green
die Knochen grün halten
gesund bleiben

How do you get your health?
Wie geht's dir?

Will he do, doctor?[U]
Wird er wieder gesund werden?

Keeping the bones green

far bye himself/herself[U]
weit neben sich
sehr krank und schwach

to be off your dot[U]
von seinem Punkt weg sein
von Sinnen sein

to be the colour of death
die Farbe des Todes sein
schlecht, blass aussehen

a face like a dear year[U]
ein Gesicht wie ein teures Jahr
miserabel aussehend

churchyard deserter[U]
Friedhofsdeserteur
wandelnder Leichnam

You look a dread.
Du siehst miserabel aus.

I'm dying with the flu!
Diese Grippe bringt mich um!

I'm smothered with a cold!
ich bin völlig bedeckt von einer Erkältung
Mich hat's so richtig erwischt.

I've a reeling in my head!
ich habe ein Drehen im Kopf
Mir zerspringt der Kopf!

I'm ish! bedeutet, dass man nicht so richtig weiß, ob es einem gut oder schlecht geht.

Straßenszene in Belfast

Keeping the bones green

He can't free the bed.
er kann das Bett nicht freigeben
Er ist bettlägerig.

fierce bad headache	extrem starke Kopfschmerzen
brash	kurze, heftige Krankheit; Ausschlag
brownkitus	Bronchitis
the pains	Rheumatismus
the lad	Krebs *(der Bursche)*
fake[U]	Krebs *(Irisch: Diagnose)*
the Johnny Giles	Hämorriden
the Nobby Stiles	Hämorriden

brash ist Schottisch für Krankheit

Johnny Giles und Nobby Stiles reimen sich auf piles, was die umgangssprachliche Bezeichnung für Hämorriden ist.

Ein schlechter gesundheitlicher Zustand kann wie folgt kommentiert werden.

Johnny Giles = Michael John Giles, irischer Fußballspieler, geb. 1940, spielte lange für die Republik Irland, aber auch international erfolgreich

The health is very bad by her!
ihre Gesundheit ist sehr schlecht
Es geht ihr überhaupt nicht gut.

He'll never comb a grey hair!
er wird nie ein graues Haar kämmen
Er liegt in den letzten Zügen.

Nobby Stiles = Norbert Peter Stiles, Fußballspieler aus Manchester, geb. 1942, spielte lange für Manchester United

He'll soon be a load for four!
er wird bald eine Last für vier (Sargträger) sein
Der macht's nicht mehr lange.

You'll be right as rain in no time!
du wirst gesund wie Regen sein in keiner Zeit
Dir geht's bestimmt bald besser!

Snapper, proontach & harrow-bones

I had a bad dose of the scutters after them eight pints.
ich hatte einen schlimmen Anfall des Durchfalls (Irisch) nach den acht Pints
Ich hatte verdammt doll mit Durchfall zu kämpfen nach den acht Pints.

Snapper, proontach & harrow-bones

Kinderreichtum in Irland ist kein seltenes Phänomen. Geht man nach dem Durchschnittsalter, besitzt Irland die jüngste Bevölkerung Europas. So ist über die Hälfte aller Iren noch keine 25 Jahre alt. Was liegt also näher als ein Kapitel über die irischen **weans**[U] *(die Kleinen = Kinder)*.

breeder	jemand, der sehr viele Kinder hat *(Zuchttier)*
brood	Familie mit sehr vielen Kindern *(Horde)*
snapper	Kind *(Schnapper)*
breadsnapper[U]	Kind, das ziemlich viel isst *(Brotschnapper)*
girleen	Mädchen
childer	Kinder *(Schottisch: Kinder)*
chile[U]	Kind, insbesondere kleines Mädchen *(Ez. zu* **childer**)
chiseller	kleines Kind *(s.* **childer**)
alanna	mein Kind *(Irisch: Kind)*
wee	klein *(Schottisch: klein)*

Snapper ist eventuell von **whipper-snapper** *(Grünschnabel) abgeleitet.*

Die Endung **-een** *steht im Gälischen für Verniedlichung.*

Snapper, proontach & harrow-bones

*Ein **cuttycub**[U] ist ein Waschlappen oder ein Junge, der mit Mädchen spielt (wörtl.: kleiner Mädchen Junge).*

*Ein **brat-walloper**[U] ist ein Lehrer, sprich einer der Gören windelweich schlägt.*

gosoon	Junge *(Irisch: Junge)*
bully[U]	kleiner Schatz
divileen	kleiner Schelm *(Teufelchen)*
bubberleen[U]	Heulsuse *(Heulerchen)*
baa	Heulsuse *(Baby)*
gurrier	Bengel
scut	Bengel
old crab	altkluges Gör *(alte Krabbe)*
brat	Rotzgöre
blastie	abfälliger Begriff für schlechtgelauntes Kind
by-chap	uneheliches Kind
by-child[U]	uneheliches Kind
cuckoo's lachter	Einzelkind *(Irisch: Kuckucks Gelege)*
cuckoo's bird	Einzelkind *(Kuckucks Vogel)*
arcan	verkümmertes Kind *(Irisch: kleinstes Ferkel im Wurf)*
God's children	Behinderte *(Gottes Kinder)*
low babies	Erstklässler *(niedrige Babies)*
high babies	Zweitklässler *(hohe Babies)*

to have a crab on
ein Eingeschnapptsein drauf haben
schmollen, eingeschnappt sein

Is it a boy or a child?[U]
Ist es ein Junge oder ein Mädchen?

Snapper, proontach & harrow-bones

Stop keening!
hör auf wehzuklagen/zu weinen
Hör auf zu weinen!

The weans were greeting buckets.
die Kinder weinten (Schottisch) Eimer
Die Kinder heulten Rotz und Wasser.

dummy tit	Schnuller *(Attrappe Titte)*
hippin[U]	Windel
bundie	Kinderpopo
jimmy-dog	Pullermann
bo-bo	Aa, Aa machen
candlesticks	Schnodder, der aus der Nase läuft *(Kerzenständer)*

dick & dünn

not fed on deaf nuts[U]
nicht mit tauben Nüssen gefüttert
wohlgenährt

a string of a fellow
ein Bindfaden von einem Kerl
Bohnenstange

She's away to scrapin's.[U]
sie ist weg zu Überbleibseln
An ihr ist ja kaum noch was dran.

like hunger's mother
wie die Mutter des Hungers
dürre

Lunchpause in Belfast

67

Snapper, proontach & harrow-bones

bunt[U]	kleine, mollige Person
jolly[U]	dick, mollig (*groß*)
brosy	mollig und gesund aussehend, dickes Baby, Kind; dicke, träge Person
brosie-faced	dick und schwabbelig im Gesicht
clunch	untersetzte, eher korpulente Person
proontach	fette Person
lahoach	sehr dicke Frau
brummack[U]	dicke, schwerfällige Person
budley[U]	beleibter Mensch
bulge[U]	dicker, gieriger Mensch
durnock[U]	träger, blöder Fettsack
harrow-bones	großer dünner Mensch (*Eggen Knochen*)

*Jemanden, der nur Haut und Knochen ist, nennt man entweder **harl o bones** (unhandliche Menge Knochen), **raughle o bones** (Haufen Knochen) oder **rickle o bones** (Haufen Knochen).*

In Belfast

Heelers and skivers

Mit einer Arbeitslosenrate von nur 4,3 % (März 2005) ist Irland der absolute Spitzenreiter innerhalb der Eurozone. In Nordirland ist sie geringfügig höher (4,6 %). Jemanden, der sich vor der Arbeit drückt, nennt man **skiver** *(Drücker)*, **fanner**[d] oder aber **buffer**[U].

butty[U]	Kumpel, Arbeitskollege
ate-the-bolts[U]	Arbeitstier *(aß die Bolzen)*
heeler	flinker Arbeiter *(dicht Folgender)*
Handy Andy[U]	inkompetenter Arbeiter *(geschickter Andy)*
Jack about	Mädchen für alles, (angeblicher) Alleskönner
arsing about	Herumgammelei *(Herumarscherei)*
peeled egg[U]	leichte Arbeit *(abgepelltes Ei)*
to snuff it	zu arbeiten aufhören *(die Kerze löschen)*
handless	zwei linke Hände, ungeschickt *(handlos)*
brishy	spröde (Hände)
brushy[U]	aufgesprungen (Hände)

Yellowpack ist ein abfälliges Adjektiv zur Bezeichnung immer häufiger eingestellter billiger Arbeitskräfte, meist junge Leute (Verpackung von Billigwaren), z. B. **a yellowpack shop assistant.**

What do you do for a crust?
was tust du für eine Brotkruste
Was machst du denn so?

Heelers and skivers

They didn't do a tack of work.
sie haben nicht das geringste bisschen gearbeitet
Sie haben nicht einen Finger gekrümmt.

I couldn't bother me arse going to work.
ich könnte meinen Arsch nicht damit belästigen zur Arbeit zu gehen
Ich bin zu faul arbeiten zu gehen.

The best of it is buffed.[U]
das Beste davon ist gedroschen
Das Gröbste ist geschafft.

all done and dusted
alles fertig und abgestaubt
alles unter Dach und Fach/fertig

Arbeitslosigkeit

bag/sack = vermutlich der Beutel/Sack, in dem Lehrlinge früher ihr Werkzeug aufbewahrten und den sie bei der Entlassung bekamen

gallon = Gefäß für Flüssigkeiten, das bei vielen manuellen Arbeiten zum Einsatz kommt

Der Weg in die Arbeitslosigkeit beginnt meist, weil der Chef Folgendes tut: **to give someone the bag** (jemandem den Beutel geben). Man ist nun entlassen worden und dies nennt sich **to get the hammer** (den Hammer bekommen), **to get the sack** (den Sack bekommen), **to get your lines** (seine Zeilen bekommen), **to get your gallon** (sein Gefäß bekommen) und muss nun **to be on the scratch** (auf dem Zusammengekratzten sein). Als Folge heißt es dann **to be on the broo**[U], sprich Arbeitslosengeld beziehen, zumindest wenn man es beim **broo**[U] (Büro), also dem Arbeitsamt, beantragt hat.

Heelers and skivers

Schule

Schwänzen nennt man **to mitch** *(sich verstecken)*, **to dob** *(erzählen)*, **to lie out**[u] *(draußen bleiben)*, **to mooch** *(bummeln)*, **to hop** *(abschwirren)*, **to bunk out** *(sich schnell aus dem Staub machen)* oder **to be on the doss** *(auf dem Schlafplatz sein)*. Dann gibt es noch **to cog,** was so viel bedeutet wie „schummeln", „mogeln" oder „abschreiben". Das macht man insbesondere mit **ecker**[b], Hausaufgaben (Übung), und vermeidet so **grind:** zusätzlichen Unterricht zum Zwecke der Prüfungsvorbereitung *(langweilige Aufgabe)*.

Ein Schwarzjob ist ein **nixer** *(Nichtser) oder ein* **foxer**[c].

Geld

Man nehme nicht jedes Jammern aus dem Munde eines Iren wörtlich, denn schließlich unterliegt diese Nation dem Phänomen **poor mouth** *(klagender Mund)*, welches ihre Tendenz zu klagen und sich als arm dran zu bezeichnen beschreibt, auch wenn dies nicht den Tatsachen entspricht. So relativiert sich eventuell ein **I'm just scrapin!** *(ich kratze es gerade so zusammen)* und der Sprecher verfügt am Ende über ein stattliches Vermögen.

Heads or harps *bedeutet wörtlich „Köpfe oder Harfen" und übertragen „Kopf oder Zahl", denn früher waren auf irischen Münzen der Kopf des Königs und eine Harfe abgebildet.*

to play the poor mouth
so tun, als sei man arm oder arm dran

to plead a poor mouth
über Armut klagen

Heelers and skivers

Für Geld kennen die Iren viele Begriffe: **chippens** *(Schotter)*, **bob** *(Schilling)*, **siller** *(Silber)*, **spondulicks**, **scratch** *(Zusammengekratztes)* oder **coronations**[C] *(Krönungen = britische Münzen)*. Darüber hinaus kennt man auch **screw** für „Gehalt" oder „Lohn" und **head money** *(Kopfgeld)* für „Gewerkschaftsbeiträge".

Setzt man in Irland Geld auf etwas, so sehr wahrscheinlich auf ein Pferd.

a dead horse, dead money[U]
Geld, das ausgegeben wird, bevor man es eingenommen hat

to make a coffin for a dead horse[U]
einen Sarg für ein totes Pferd machen
Geld rausschmeißen

skint	pleite
hot and full[U]	reich
to be made up	ausgesorgt haben
corbie	Geizhals *(Krähe)*
gatherer	sparsamer, habgieriger Mensch *(Sammler)*
to cobble[U]	feilschen *(handeln)*
to tap	jmd. Geld abschwatzen, schnorren *(anzapfen)*

Moy = Fluss in der Grafschaft Mayo

cheap John from the Moy
Pfennigfuchser

oul' split-the-fardin[U]
alter Viertel Penny Teiler
Geizkragen

Heelers and skivers

inching and pinching
knapsen und quetschen
sich etwas vom Munde absparen

to have the hard drop in one[U]
den harten Tropfen in sich haben
geizig sein

to get your feet below you
die Füße (finanz.) auf die Erde bekommen

to draw the twine
den Faden ziehen
absahnen

to get the thick end of a stick
das dicke Ende eines Stockes bekommen
gut bei einem Geschäft wegkommen

*To grush money (wörtl.: Geld zwängen) bezeichnet das nach einer Hochzeit übliche Münzenwerfen und auch das hastige Einsammeln dieser durch die anwesenden Kinder. Das damit einhergehende Gerangele heißt **the grush.** Geworfen wird traditionell vom Bräutigam oder von dessen Freund.*

Die Kräne Samson & Goliath der Belfaster Werft Harland & Wolff

Bowls, flats & punters

to put someone to the door[U]
jemanden zur Tür stellen
jemanden (finanziell) ruinieren

to have neither reed nor gears
weder Schilf noch Besitz haben
überhaupt nichts besitzen, insolvent sein

She's not biting at a bare hook.
sie schnappt nicht nach einem leeren Haken
Sie nagt nicht gerade am Hungertuch.

He still has his confirmation money.
er hat noch immer sein Konfirmationsgeld
Der ist ganz schön knauserig.

Let's leg it before the waiter comes back with the bill.
Lass uns abhauen, bevor der Kellner mit der Rechnung zurückkommt.

Bowls, flats & punters

Die beiden bekanntesten irischen Spiele mit einem gälischen Hintergrund sind **hurling** und **Gaelic football**. Bei beiden gibt es im Unterschied zum **soccer** kein Abseits, darf der Ball bis zu vier Schritte getragen werden und hat das Tor, **golly** bzw. **bayrie** genannt, eine H-Form. Mit **football** ist entweder **soccer** oder **Gaelic football** gemeint.

Bowls, flats & punters

Hurling

Gaelic football hat seine Wurzeln im **hurling,** dem gälischen Spiel schlechthin. Es wird mit einem Schläger aus Eschenholz gespielt. Ziel ist es, einen lederummantelten Korkball ins Tor der gegnerischen Mannschaft zu befördern. Bei der von Männern gespielten Variante dürfen Fuß, Hand und Schläger gegen den Gegner eingesetzt werden. Dementsprechend wild wirkt das Spielgeschehen auf den Zuschauer auf den ersten Blick. Bei den Frauen sorgen spezielle Regeln dafür, dass es entschieden zivilisierter zugeht.

***The Cats** sind Fußball- und Hurlingmannschaften aus Kilkenny.*

hurley	Hurlingschläger
caman[U]	Hurling *(Hurlingschläger)*
camogie[U]	Frauenvariante, bei der Körperkontakt untersagt ist *(Schlägerchen einer Hurlingspielerin)*
sliotar	kleiner Hurlingball aus Leder

to play a good stick
einen guten Stock spielen
gut im Hurling sein

Gaelic Football

Im frühen 16. Jh. liegen die Wurzeln dieses Spiels, das auch einfach als **football** oder **GAH**, von **GAA – Gaelic Athletic Association,** bezeichnet wird. In seinem Verlauf wird gesprungen, gehüpft und geflitzt, was das Zeug

Bowls, flats & punters

hält, es mangelt also nicht an Action auf dem Spielfeld. Als Zuschauer, ob nun auf der Couch oder im Stadion, kann man sich mittels der nachfolgend genannten Ausrufe einbringen.

Grunt = ursprünglich US-amerikanischer Slang. Anfangs für Arbeiter verwendet, die bei der Verlegung von Stromleitungen auf dem Boden arbeiteten; heute bedeutet der Begriff einfach „Hilfsarbeiter".

Grunter!
Stümper! *(wörtl.: Hilfsarbeiter)*

What the divil are ye at?
Was machst du denn, verdammte Scheiße!

What're ye at, ye lazy fecker?
Was machst du denn, faules Arschloch!

He's a knacky young fella!
er ist ein geschickter junger Kerl
Der hat's drauf!

Parkregeln in Belfast

Bowls, flats & punters

We'll show yee yet!
Euch zeigen wir's noch!

Give it a lash!
Hau rein!

Lob it in!
lobbe ihn rein
Hau ihn rein!

Up ye boyo!
hoch du alter Junge
Mach Stoff, Junge!

Mehr Sportliches

Road bowling, auch **bowls** genannt, wird auf normalen Straßen gespielt, indem eine Eisenkugel eine abgesteckte Strecke entlang geworfen wird, mitunter auch um Kurven herum. Wer das Ziel mit den wenigsten Würfen erreicht, ist Sieger.

Handball ist ein Spiel, das mit dem gleichnamigen Spiel im restlichen Europa nichts zu tun hat. Daran nehmen zwei oder vier Spieler teil, die einen Gummiball mit der Handfläche gegen die Wand schlagen. **Game ball!** ist ein Ausdruck aus dem Handball (letzte Runde im Handball), der heutzutage als Antwort auf die Frage „**How are you feeling?**" benutzt wird. Man kann es mit „Prächtig!" übersetzen.

Dann noch ein paar Ausdrücke aus der Welt des Sports:

*Road bowls ist verwandt mit dem französischen Boule und dem italienischen Boccia. Heute wird es fast ausschließlich in Armagh und in Cork gespielt. In Armagh nennt man es auch **road bullets** (Straßen Kugeln). Während es früher ein reiner Männersport war, gibt es heute auch Frauenmeisterschaften.*

catty	ein dem Baseball ähnliches Spiel
camp-ball	traditionelles Spiel, das dem Fußballspiel ähnelt
to hockey	haushoch schlagen

Bowls, flats & punters

Kartenspiel

flats	Spielkarten (*Flache*)
gettings	Gewinn
to cashier[U]	schlagen (*einkassieren*)
frosty-face	Joker (*Eis Gesicht*)
his knabs	Joker (*seine Hoheit*)
Maggie	Herz Dame, Herz Ass oder die Fünf der Farbe, die gerade Trumpf ist
Mooney's apron	Kreuz Zehn (*Mooney's Schürze*)
Clare hearse	Kreuz Zehn
Earl of Cork	Karo Ass
conn[U]	Karo Ass
finger	fünf Augen auf einer Spielkarte
five fingers	Herz Fünf

Dainick[U] *ist eine kleine Summe, die einem Kartenspieler, der kein Geld mehr hat, von einem anderen gegeben wird, damit er weiterspielen kann.*

Wetten

In einem Land, das etwa 15.000 Rennpferde sein Eigen nennt, wird natürlich gern gewettet. Vielleicht verhält es sich ja auch umgekehrt. Viele **punter** (*berufsmäßige Wetter*) ergo viele Pferde. Wie dem auch sei, der Gang zum **bookie** (*Buchmacher*) oder zum **turf accountant** (*Rennbahn Buchhalter*), sprich der Annahmestelle für Pferdewetten, ist für viele Iren Routine. Was sie dort machen ist **to punt**, sprich Setzen auf ein Pferd bzw. Wetten, oder anders ausgedrückt **to chance**[U] (*Glücksspiel betreiben*). Einige Events:

the turf = Pferderennbahn, Pferderennsport

Just for the craic

Das **Irish Derby** ist ein großes Pferderennen am letzten Sonntag im Juni bzw. am ersten Sonntag im Juli und das **Irish Grand National** ein Pferderennen am Ostermontag. Ein **bumper** (Stoßverkehr) ist hingegen ein Amateur-Flachrennen und ein **flap/flapping meeting** (Aufregungstreffen) ein illegales Hunde- bzw. Pferderennen.

*Ein **bangtail** (Stutz Schwanz) ist ein Rennpferd mit zweifelhaften Fähigkeiten.*

Just for the craic

Die Iren haben gleich ein eigenes Wort für Spaß und alles, was damit zu tun hat: **crack/craic.** Dieses spaßähnliche Gefühl setzt sich je nach Situation aus einer Auswahl der Komponenten Scherzen, Trinken, Musik und Zusammensein im Freundeskreis oder mit Vertretern des anderen Geschlechts zusammen, im besten und nicht seltenen Falle auch aus allen.

gas
eine Menge Spaß

great gas
sehr lustig, zum Piepen

just for the craic
nur so zum Spaß

What's the craic like round?
Was geht denn hier so ab?

The craic was mighty!
Hatten wir einen Spaß!

It was a fucking cracker so it was.
Das war ein absoluter Brüller.

Just for the craic

for the gig of the thing
aus Spaß an der Sache
aus Spaß an der Freude, nur so zum Spaß

Sich in Schale schmeißen

brank-new	nagelneu
on the go	modern
flash	aufgedonnert, gestylt
blemmed up[d]	in Schale geschmissen, aufgetakelt
dido	aufgemotztes Mädel
crab shells	Schuhe *(Krabben Schalen)*
slacks	Hosen
hipster slacks	Hüfthosen
hoody	Kapuzenjacke
soccer jersey	Fußballtrikot
track suit	Trainingsanzug

bales of briquettes
Torfballen
Plateauschuhe

In puncto Haarmode gibt es noch mehr:

curly water
(Locken Wasser)
= Zuckerwasser,
das Haare angeblich
dazu bringt sich
zu locken

crew cut	Bürstenschnitt
jail-crop	extrem kurzer Haarschnitt *(Knast Schnitt)*
mullet	Vokuhila
basin crop	Topfschnitt *(Beckenschnitt)*
highlights	(blondierte) Strähnchen
cowstails[u]	Zöpfe *(Kuhschwänze)*

Just for the craic

Musik

Eine Session im irischen Pub wirkt auf den Außenstehenden oft sehr spontan und locker. Nur in Ausnahmefällen werden Spieler hinzugebeten. Man hüte sich auch davor, zwischen den Darbietungen in ungezügelten Applaus auszubrechen, denn seine Anerkennung zollt der Zuhörer stattdessen in der Regel mit einem in den Raum geraunten **Lovely!** oder **Mighty!**

Trad music *(traditionelle Musik)* aus der **trad scene** *(traditionelle Musikszene)* wird normalerweise nicht niedergeschrieben sondern durch Zuhören weitergegeben, nicht zu verwechseln mit **folk music,** die den **trad musicians** oft verhasst ist.

> **deedlie-dee music**^U *Dudelmusik;* traditionelles Gedudele
> **(Uilleann) pipe** irischer Dudelsack
> **bhodran** Rahmentrommel
> **French fiddle** Mundharmonika
> **come-tae-me-go-aff-me**^U *komm-zu-mir-geh-weg-von-mir;* Akkordeon
> **frae-me-come-tae-me**^U *von-mir-weg-komm-zu-mir;* Posaune
> **bottler** *Abfüller;* Reisegefährte eines Straßenmusikanten, umherreisenden Musikers
> **to diddle**^U singen, ohne Worte zu benutzen

Wer sich fragt, wo denn die Harfe ist, der sei belehrt, dass diese nichts in der traditionellen Musikszene verloren hat. Zwar waren Harfenisten höchst anerkannte Mitglieder der alten gälischen Gesellschaft, doch das Instrument wird als nicht zu den traditionellen Melodien passend empfunden.

A cup an a slice

Film und Fernsehen

follower-upper
= wörtl.: Fortsetzung; ursprünglich Kino-Serie in den 1940ern und 1950ern, mittlerweile Folge einer Serie im Allgemeinen

boggin ist vom schottischen bog = Toilette abgeleitet.

Das Kino nennt man **the flicks** *(die Filme)* oder **the pictures** *(die Bilder/Fotos)*. Die mit dem Prädikat **boggin**[U] *(schmutzig)* bezeichneten Filme sind nicht für Jugendliche unter 18 zugelassen. Billige Matineevorstellungen für Kinder in den 1950ern und 1960ern, deren Name vom Eintrittspreis abgeleitet wurde: **penny rush** *(Penny Ansturm)*, **twopenny rush** *(zwei Penny Ansturm)*, **fourpenny rush** *(vier Penny Ansturm)* oder **sixpenny rush** *(sechs Penny Ansturm)*. Noch ein wichtiges Wort: **box** *(Kiste)* bezeichnet den „Fernseher"!

Was the film any use?
Hat der Film was getaugt?

A cup an a slice

Bis zum Ende des 19. Jh. wurde Besuchern in ländlichen Regionen Irlands noch Buttermilch als Standardgetränk angeboten. Dann kam der große Teeaufschwung. Ob nun die feine Dame von Welt zum **tay** *(häufige Aussprachevariante für Tee)* lädt oder der chaotische Junggeselle, die Iren sind mittlerweile die größte Teetrinkernation überhaupt: **a cup an a slice,** das ist ein Snack, sprich eine Tasse Tee und eine Scheibe Brot. Während es

A cup an a slice

andernorts üblich wäre zu fragen, ob der Gast gern etwas trinken würde, wird er in Irland oft einfach darüber informiert, dass er jetzt etwas zu sich nehmen wird, so ist das Ablehnen quasi unmöglich:

You'll have a drop/sup of tea!
du trinkst einen Tropfen/Schluck Tee

Für die Tasse Tee kennt man allerlei Ausdrücke: **a drop in the hand** *(ein Tropfen in der Hand)* oder **a drap o tay** *(ein Tropfen Tee)* ist eine Tasse Tee zwischendurch, der **flyer** *(Flieger)* ist die schnelle Tasse Tee, zu jeder Tageszeit, ein **bleerie-tea**[U] *(trüber Tee)* ist Plärre, also sehr dünn gebrühter Tee, und **jute**[U] steht für „eine Pfütze Tee".

groundshels
= Irisch: kleines Mahl; sind benutzte Teeblätter, Bodensatz des Tees

to throw on the kettle
den Wasserkessel/-kocher anschmeißen

Hunger

Hat man ein **hungry heart** *(hungriges Herz)*, hat man einen leeren Magen und muss etwas **nosh** *(Nascherei = Essen)* oder **grub** *(Ausgegrabenes = Futter)* auftreiben. Verwirrenderweise kann **dinner**[U] Lunch, also Mittagessen bedeuten. Die **afters** *(Hinterherkommendes)* sind schlicht das Dessert.

Dat's a great bit of grub.
Schmeckt verdammt lecker.

A cup an a slice

Dass man einen riesigen Kohldampf oder Bärenhunger hat, kann auf verschiedenste Weise zum Ausdruck gebracht werden:

the Great Hunger = große Hungersnot (1845-50)

I'm starved with the hunger!
ich darbe vor Hunger
I'm walking on hungry grass.
ich spaziere auf hungrigem Gras
I'm chap-fallen[U].
ich habe einen heruntergeklappten Kiefer
I'd eat the back door buttered!
ich würde die Hintertür mit Butter drauf essen
I'm so hungry, I'd eat a scabby child's arse!
ich bin so hungrig ich würde einen räudigen Kinderarsch essen
I could eat a baby's bottom through the monkey cage in the eZoo/aZoo.
ich könnte einen Babyhintern durch den Affenkäfig im Zoo essen
I could eat a farmer's arse (through a hedge).
ich könnte den Arsch eines Bauern (durch eine Hecke) essen

*eZoo: Dubliner fügen gern einmal zusätzliche Silben ein, z. B. ein „e" bzw. „a" vor „z", ein weiteres Beispiel ist **ezero** = „Null"*

I didn't cut meat the day.
ich habe an dem Tag kein Fleisch geschnittten
An diesem Tag hatte ich nichts zu essen.

Ist man hingegen voll, nennt sich das **steeve-d**[U] *(voll geladen)* oder **fog-full** *(Schottisch: voll mit Spätheu)* und **tinged up** *(Schottisch: überfressen)*, wenn man eigentlich schon zu viel gegessen hat.

A cup an a slice

Frühstück

Dem traditionellen **Full Irish Breakfast** setzen sich immer weniger Iren aus, oft wird es auf den Sonntag beschränkt. Es kann sich aus den folgenden Bestandteilen zusammensetzen: Würstchen, angebratener Speck, **black** bzw. **white pudding,** Spiegelei, Tomate, Bohnen, Bratkartoffeln bzw. herzhafter Kartoffelkuchen sowie unbedingt Brot (Toast oder Sodabrot) und schwarzer Tee zum Runterspülen dieser Cholesterinbombe. Als **fry** bzw. **Ulster fry** bezeichnet man dasselbe Gericht im Norden Irlands, wo es den ganzen Tag über erhältlich ist.

Have you got your breakfast?
Hast du gefrühstückt?

Lunch auf Nordirisch

A cup an a slice

brackfist	Frühstück
rashers	dünne Speckscheiben zum Anbraten
black pudding	Blutwurst, meist gebraten
white pudding	helle Variante, der Leberwurst ähnlich
soda bread	Sodabrot
wheaten bread[U]	Sodabrot
potato cake	Gericht aus Kartoffelbrei, Butter und Mehl

Kartoffeln

Noch heute nimmt ein Ire jährlich durchschnittlich 144 Kilo Kartoffeln zu sich und ist damit europäischer Spitzenreiter.

Ganz oben auf der Speisekarte des einfachen irischen Volkes stand lange die Kartoffel. Dies spiegelt sich auch in der Tatsache wider, dass die Briten seit dem frühen 19. Jh. einen typischen irischen Familiennamen, nämlich **Murphy,** scherzhaft als Synonym für Kartoffel benutzen.

spud	Kartoffel *(kleiner Spaten)*
single	Tüte Kartoffelchips
chips	Pommes frites
chipper	Fish & Chips-Laden
one-and-one	Portion Fish & Chips
brisler[U]	in der Glut gegarte Kartoffel *(Griller)*
potato champ	Kartoffelbrei mit Milch, Butter, Zwiebeln etc.
boxty	Gericht aus Kartoffeln und Mehl, ähnlich Kartoffelpuffern

A cup an a slice

Mehr zum Thema Essen

beddy	wählerisch, was das Essen betrifft
butty[d]	Butterbrot, Sandwich
duck-house door[u]	sehr dicke Scheibe Brot *(Entenhaus Tür)*
bracky	mit Trockenfrüchten *(gesprenkelt)*
barmbrack	runder Laib mit Trockenfrüchten *(kleines gesprenkeltes Brot)*
currney cake	Kuchen mit Trockenfrüchten *(Rosinenkuchen)*
dipped soda	angebratenes Sodabrot *(leicht angebratenes Soda)*
brochan[u]	Haferbrei, Haferschleim
gravy ring	Doughnut *(Fettring)*

an idea more of sugar
noch ein klein bisschen Zucker

to clod in the beef[u]
das Rindfleisch einwerfen
das Essen reinspachteln

to colf[u]
sich Essen in den Mund stopfen

bad swally[u]   **to cut meat**[u]
schlimmer Schlucker   *Fleisch schneiden*
schneller Esser   etwas zu sich nehmen

Out on the piss

Rauchen

Tabak und Zigaretten sind sehr teuer in Irland. Und doch qualmt sich so mancher die Seele aus dem Leib, als gäbe es kein Morgen. Seit März 2004 ist jedoch Schluss damit, zumindest in sämtlichen Restaurants und Kneipen.

Raucher schließen eine Mahlzeit nur allzu gern mit einer Kippe ab. Die Glimmstengel nennnt man **fag** *(Kippe, Fluppe)*, **tube** *(Tube, Schlauch)* oder **scorrick**[U] *(Schottisch: Rest)*; **non-tipped** sind solche ohne Filter. Die Selbstgedrehten nennt man **roll-up** oder **rollie** und ein Joint ist ein **reefer** oder **spliff.** Eine große Prise Schnupftabak ist **doododge** und **heel** *(Ferse, Endstück)* nennt man die Tabakreste in der Pfeife.

Die Aktivität des Rauchens nennt sich **to have a fag** *(eine Kippe haben)*, **to have a reek** *(einen Rauch haben)* oder auch **to reek**[U] *(Schottisch: rauchen)*, während das Zigaretten paffen **to puff away** genannt wird. Raucht man eine Selbstgedrehte, nennt sich das **to have a rollie** und muss man diese erst noch drehen: **to roll up.**

turf patrol (Gras Patrouille = Haschisch Session), bei der turf (Gras/Torf = Haschisch) geraucht wird.

Any strikers?
irgendwelche Streich(hölz)er
Hast du mal Feuer?

Out on the piss

Äußert ein Ire **I was in the horrors last night,** so hatte er nicht etwa Albträume oder hat sich gar die Nacht mit Horrorfilmen versüßt, sondern war schlicht und ergreifend sturzbetrunken.

Out on the piss

Are ye on for a pint?
Wie wär's mit einem Pint?

Fancy a gargle?
Trinken wir einen?

Gargle kommt von Gurgeln und heißt einfach „alkoholisches Getränk/Drink" Ein „Schluck" ist hingegen slug.

Will ye go for a few scoops?
wirst du auf ein paar Kellen mitkommen
Gehen wir was trinken?

Sure, what harm will it do!
Na klar, schadet ja nichts!

A few pints wouldn't go astray at all!
ein paar Pints würden nicht fehlgehen
Ein paar Pints haben noch keinem geschadet!

Einen Pub nennt man **rub-a-dub-dub** (Reim auf Pub), **boozer** (Ort, an dem viel getrunken wird), **battle cruiser** (Schlachtkreuzer = Reim auf „boozer"), **watering hole** (Wasserloch), die Stammkneipe ist der **local.** Ist sie gut besucht, heißt das: **packed** (vollgestopft), **jammers, jammered** (gezwängt), **heavin** (wogend).

How are the men? ist ein Gruß, mit dem Ortsfremde häufig die Anwesenden in einem unbekannten Pub auf dem Lande begrüßen, um das Eis zu brechen (siehe S. 25).

to suck the brown cow
an der braunen Kuh saugen
Alkohol trinken

*curate
= zweiter Barmann*

Geht man sich besaufen, nennt sich das **to gargle** (gurgeln = Alkohol trinken), **to go out on the piss** (raus auf ein Bepissen gehen), **to go on a big piss up** (auf ein großes Bepissen gehen), **to**

*scanger
= eine Gruppe Studenten in einer Bar*

Out on the piss

get fluthered *(durcheinander werden)*, **to get steamed** *(gedämpft werden)*, **to get one's load** *(seine Ladung bekommen)*, **to get locked** *(verschlossen (zu) werden)* oder **to bend**[u] *(gebogen (bekloppt) werden)*. Macht man eine Sauftour: **to go on the rantan** *(auf den Heftigen gehen)*, **to go on the tear** *(auf den Übermäßigen gehen)*, **to go on the batter** *(Irisch: auf die Straße gehen)*, **to go on the dander** *(Schottisch: auf ein Herumziehen gehen)* oder **to go on a binge** *(auf ein Vollsaugen gehen)*.

Lock in heißt es, wenn der Wirt nach Ende der offiziellen Öffnungszeit einfach die Tür abschließt und weiter ausschenkt.

Holy hour ist der 60-minütige Zeitraum (14:30-15:30 Uhr), in dem die Pubs vieler Städte in den Jahren 1927-1960 schließen mussten bzw. die Nachmittagszeit, in der Pubs an Sonntagen zu schließen pflegten.

lash-in	Treffen im Pub
pub crawling	Kneipentour
pisser	Sauftour
session	ganztägiges Saufgelage
to scab	schnorren
off the drink	weg vom Alkohol
to pull a pint	ein Bier zapfen
offy	Wein- und Spirituosenladen
to take out	plötzlich die Sau rauslassen
guzzle[c]	Party *(Saufen)*
kip	Dreckloch, Sauladen *(Kippe)*
snug	kleines, gemütliches Abteil in traditioneller Kneipe *(gemütlich)*

Your shout.
Deine Runde.

It's not my shout.
Ich bin nicht dran.

Out on the piss

Getting him to buy his round is murder.
ihn dazu zu bekommen seine Runde zu kaufen ist Mord
Es ist so gut wie unmöglich, ihn dazu zu bewegen, eine Runde auszugeben.

to do a bunk/flit
abhauen und die Zeche prellen

to buck somebody out[U]
jemanden rauswerfen

hooley
= ausgedehnte Party; Besäufnis, auf dem auch gesungen wird

Sláinte!
Gesundheit
Prost!

Bottom's up!
(Glas)böden hoch
Hoch die Tassen!

Down the hatch!
die Luke hinab
Runter damit!

Sweep it off!
feg es weg
Hau weg das Zeug!

What are ye having?
Was kann ich dir holen?

I'm on the dry!
ich bin auf dem Trockenen
Ich trinke nichts, weil ich fahre.

Ein alkoholisches Getränk als solches ist ein **bevvy** *(Abkürz. für „beverage" = Getränk)*, **gargle** *(Gurgeln)*, **drop** *(Tropfen)* oder **tipple** *(Pichelzeug)*. Wenn man es nicht im Glas genießt, dann direkt **by the neck** *(am Hals)*, sprich aus der Flasche.

Out on the piss

Hochprozentiges

*Man gönnte sich **poteen** vorwiegend an Feiertagen und Hochzeiten. Tauchte ein Kontrolleur auf, wurde er von der Landbevölkerung nur zu gern ausgetrickst und auf den falschen Pfad geschickt, mitunter endete er so im Moor.*

Inishowen = Halbinsel in der Grafschaft Donegal, wo viel Poteen produziert wurde.

Poteen *(Irisch: Töpfchen)*, illegal gebrannter Whiskey, wurde seit dem 17. Jh. gebrannt, meist auf Kartoffelbasis. Man nennt ihn auch **Inishowen, mountain dew** *(Bergtau)*, **Paddy's eye water** *(des Iren Augenwasser)* oder **crathur** *(Kreatur)*. **Blow(hard)** *(Schlag(hart))* ist hingegen von Alkoholikern konsumierter Brennspiritus und **first shot** *(erster Schuss)* nennt sich die erste Destillation des illegal gebrannten Whiskeys oder Schnapses. Dazu braucht man **tackling** *(Geschirr)*, sprich die Ausrüstung für die Poteen-Herstellung und schließlich bestenfalls einen **cadger**[u], einen professioneller Vertreiber von Poteen oder illegal gebranntem Whiskey.

There was fellas used to bring in poteen and all.
Da waren Typen, die immer Poteen mitbrachten und so.

*Der **bang of the latch** (Zuschnappen des Schlosses) ist der letzte schnelle Drink vor Pub-Schließung.*

Hochprozentiges kennt man als **hard tack** *(hartes bisschen)* oder **hard stuff** *(hartes Zeug)*, darunter auch den **rosiner**[d], der oft vorweg getrunken wird. Dazu gehören **malt** *(Whiskey)*, **grapple the rails** *(sich am Geländer festhalten = Whiskey)*, **hot toddy** *(heißer Punsch; mit Whiskey und diversen Zutaten)*, **dandy** *(kleiner Whiskey/ Punsch)* oder auch **jinnit** *(Gin und Wermut)*. Einen Schuss (meist Whiskey) bezeichnet man als **jotter**.

Out on the piss

Ein **short** *(Kurzer)* oder **glasheen** *(Gläschen)* bezeichnet ein Gläschen Hochprozentiges. Ein **gowlogue** *(Unterstützung)* ist ein großer, starker Drink, ein **ball of malt** ist ein Glas, wörtlich „Ball" Whiskey. Ein **pony**ᵈ ist ein Whiskey-Glass mit Stout, das Whiskeytrinkern, die kein ganzes Pint vertragen, zum Nachspülen dient. Ebenfalls ein kleines Glas Whiskey ist ein **John, Johnny** oder **crapper,** ein **half-one** ist ein halbes Glas Whiskey, ein **Baby Power** ist eine kleine Flasche Powers Whiskey im Handtaschenformat und ein **little green man** bezeichnet eine kleine Flasche Jameson's.

*Der **Patrick's pot** ist der Drink am **St Patrick's Day,** der aufs Haus geht.*

__A pint and a small one__ ist ein Bier und ein Whiskey.

Bier

Etliche Biere sind ein **a feed of pints** *(eine Futterration Pints)*. Ein **ale** ist ein helles, obergäriges Bier und ein **stout** *(stark)* oder **black beer** *(Schwarzbier)* ist ein dunkles, starkes Bier wie z. B. Guinness, Murphy's oder Beamish, früher **porter** genannt.

__A bad pint__ ist ein Pint Stout schlechter Qualität.

Out on the piss

Bier bekommt man in folgenden Mengen: als **jar** (Krug = z. B. Pint), als **a glass of beer,** womit ein halbes Pint Bier gemeint ist, denn **half-pint** wird kaum benutzt. Ebenfalls ein halbes Pint ist **meejum**[c] und der **home-ruler** bezeichnet eine Pintflasche Stout. Eine Menge dunkles Bier ist **a rake of porter.**

blond with black skirt = wörtl.: „Blonde mit schwarzem Rock" ist ein Pint Stout

Ein Pint Guinness ist ein **Arthur's** (Arthur Guinness; Marke), **Uncle Arthur's milk** (Onkel Arthurs Milch), **Liffey water** (Liffey-Wasser; nach dem Fluss Dublins benannt) oder **a pint of plain** (ein Pint Gewöhnliches). Mit **the black stuff** (das schwarze Zeug) oder **brown gargle** (braune Spülung) betitelt man dunkles Bier, insbesondere Guinness. Ein **bowjanther** ist eine Pintflasche Guinness.

*Ein **parish priest**[d] (Gemeindepfarrer) ist ein Pint Stout, denn der weiße „Kragen" des dunklen Biers erinnert an einen Pfarrer.*

Ein **Johnny-jump-up** ist ein Pint Guinness mit Cider. Mit **flagon** ist meist eine 2-Liter-Flasche Cider gemeint, es kann aber auch einfach nur 2-Liter-Flasche bedeuten.

Traditionelles Pub in Belfast

Out on the piss

saufen

Ist jemand **fond of the bottle,** hängt er an der Flasche und trinkt nicht nur in ausgelassener Runde im Pub, sondern auch außerhalb des Pubs einen über den Durst, was viele Iren missbilligen. Dabei beginnt alles mit dem **drooth**^{U} *(Durst)*, dem Gefühl **droothy**^{U} *(durstig)* oder **dry** *(trocken)* zu sein. Also geht man **to sleck**^{U} *(seinen Durst stillen)*.

I've a throat on me!
Hab ich eine trockene Kehle!

to be bluemouldy/bluemoulded
einen Drink gebrauchen können

bluemouldy bzw. *bluemoulded* bedeutet wörtlich blauschimmlig; die Herkunft dieser Wendung ist jedoch ungeklärt

to be gumming / have the gum for a pint
nach einem Pint lechzen

to drink the cross off an ass
das Kreuz von einem Esel trinken
saufen wie eine Haubitze

to drink Lough Erne dry
Loch Erne trocken trinken
saufen wie ein Loch

That man could a drunk some!
Der konnte vielleicht was wegkippen!

She can hold her drink!
Die kann ganz schön was verkraften.

Out on the piss

to put the black stuff away
das Guinness weg-(= runter)kippen

A bird never flew on one wing.
ein Vogel ist noch nie mit nur einem Flügel geflogen
Auf einem Bein kann man nicht stehen.

to drown the shamrock
das Kleeblatt ertränken
St. Patrick's Day ausgiebig begießen

betrunken

That's Arthur Guinness talking.
= *wörtl.: „da spricht Arthur Guinness", ein Kommentar, der gemacht wird, wenn jemand unter dem Einfluss von Guinness dummes Zeug redet.*

Einst stattete Boris Jelzin Irland einen Besuch ab. Die Legende besagt, dass der Gute so tief in die Flasche geschaut hatte, dass es ihm vorerst nicht möglich war, das Flugzeug zu verlassen. Um die peinliche Situation zu überbrücken, drehte der Flieger also sechs Runden über Shannon, bevor er zur Landung ansetzte und im mittlerweile ausgenüchterter Jelzin erschien. Irland verdankt dieser Anekdote die Wendung **circling over Shannon,** eine von dutzenden Möglichkeiten, „betrunken" auszudrücken.

Harmlos ist es noch, wenn man angeheitert, sprich **half on**[U] *(halb an)*, **half-tore** *(halb gerissen)* oder **blazed** *(entflammt)* ist. Ein Stadium weiter nennt es sich „angetrunken", wenn von **a wee thing drunk** *(ein klein bisschen betrunken)*, **muggered**[U]**, muggy** *(durcheinander)*, **half-cocked** *(halb-schielend)*, **well oiled** *(gut geölt)* oder **over the line** *(über die Linie)* die

Out on the piss

Rede ist. Das kommt zum Tragen, wenn man **to have a drop taken** *(einen Tropfen genommen hat)*, **to have a drink in oneself** *(einen Drink in sich hat)* oder **to have a few jars on oneself** *(ein paar Krüge für sich genossen hat)*. Man ist **goggly,** wacklig auf den Beinen, oder man beginnt gar zu lallen:

to have a felter on your tongue^U
eine Verhedderung auf der Zunge haben
sich beim Sprechen verheddern

to have a lot of drink taken
einen über den Durst getrunken haben

Nun ist man besoffen: **eejity** *(breit)*, **away with the band**^U *(weg mit der Band)*, **mouldy** *(schimmlig)*, **gargled** *(gegurgelt)*, **footless** *(fußlos)*, **elephants, bullaphants, mangled** *(gemangelt)*, **motherless** *(mutterlos)*, **well-on** *(gut dabei)*, **fluthered** *(durcheinander)*, **flaming** *(flammend)*, **gee-eyed** *(drogenäugig)*, **in the numbs** *(betäubt)*, **ossified** *(verknöchert)*, **petrified** *(versteinert)*, **plastered** *(gepflastert)*, **polluted** *(verseucht)*, **scuttered** *(beschissen)*, **jarred** *(eingemacht)*, **loaded** *(geladen)*, **dozed** *(vermodert)*, **maggoty** *(madig)*, **banjaxed** *(zerstört)*, **dottering**^U *(tattrig)*, **full-cocked**^U *(voll-schielend)* oder **hanging**^C *(hängend)*.

pissed as a coot
besoffen wie ein Blässhuhn
hackebreit

*Wer so dicht ist, bestellt sich besser ein **Jo Maxi**, sprich „Taxi".*

elephants *ist abgeleitet von* **elephant's trunk** = *Elefantenrüssel, „rhyming slang" zu* **drunk**, *ebenso* **bullaphants**

Out on the piss

Sternhagelvoll nennt man im irischen Englisch auch **berco, staving** *(einschlagend)*, **buckled (drunk)** *(zugeschnallt (betrunken))*, **airlocked** *(stehen geblieben)*, **langers**[C]**, langered** *(geschwanzt)*, **locked** *(verriegelt = zu)*, **bolloxed** *(schwachsinnig)*, **off one's face** *(von seinem Gesicht)*, **paralytic** *(gelähmt)*, **rubber** *(Gummi)*, **shlossed** *(übergeschwappt)*, **stocious, twisted** *(verdreht)*, **maithgalors** *(Irisch: gut genug)*, **warped** *(verschroben)*, **on the floor** *(auf dem Boden)*, **rat-arsed**[d] *(mit Rattenhintern = gleichgültig)*, **blootered** *(vollgesogen)* oder **hoved out**[U] *(Schottisch: geschwollen vom Trinken)*. Für „schwer geladen haben" sagt man:

in the jigs
= schwer betrunken,
im Alkoholdelirium

balmed out
fix und fertig

to be as full as the Boyne
so voll wie die Boyne (Fluss) sein

to be out of one's tree
aus seinem Baum sein

Schließlich geht es einem weniger gut und man fühlt sich **boky**[U] *(Schottisch: kotzig)*, als könnte man kotzen, und übergibt sich dann auch: **to cast up** *(auswerfen)*, **to put up**[U] *(hochbringen)*, **to gawk**[C] *(den Mund aufreißen)*, **to boke**[U] *(Schottisch: sich übergeben)*, **to lash rings roun' you** bzw. **to throw one's ring up** *(Ringe um sich herumschleudern)*. **Soakage** *(Aufsaugen)* nennt man das Verzehren von Fastfood nach einem vorherigen Besäufnis und zum Schluss hat man doch einen Kater: **to be crawsick** *(magenkrank sein)*.

jook-the-bottle[U]
= Antialkoholiker
(abfällig)

The jacks

Namen für die notorischen Schluckspechte, Suffköppe und dergleichen gibt es natürlich auch: **alco** *(Alki)*, **drunken bowsey** *(betrunkener Böser = Trunkenbold)*, **pisshead** *(Pisskopp)*, **lush** *(Stoff)*, **droothy** *(Durstiger)*, **drouth** *(Dürre)*, **slug**[U] *(Hinunterschütter)*, **levy**[C] und **butty**[d] *(Irisch: Grobian)*. Alkohol-Schnorrer nennt man **hogger** *(„hog" = Hohlmaß für Alkohol = 238,5 l)*, **scab** *(Krätze = Halunke)* oder **loose ball gatherer** *(Sammler verlorener Bälle)*.

gouger[d]
= Rowdy, Rüpel

The jacks

Natürlich besitzt auch der Ire so seine Bezeichnungen für das stille Örtchen und alles, was man dort zu treiben pflegt. Man nennt den Ort der Notdurft **jacks** bzw. **jakes, parochial house**[d] *(Pfarrhaus)*, für ein Außenklo sagt man **petty** *(Kleines)*, das Straßenurinal (zu James Joyces Zeiten) nannte sich **greenhouse** *(günes Haus)*, **bean-jacks** *(Irisch: bean = Frau)* ist ein Damenklo und **chanty**[U] der Nachttopf.

Der Ursprung von **jacks** *ist umstritten, es wird im Allgemeinen vermutet, dass es sich um eine Ableitung vom Vornamen Jacques bzw. Jack handelt.*

Can ye tell me where the toilets are, like a good woman?
Wären Sie so nett, mir zu sagen, wo ich die Toiletten finde?

Ein häufiges Problem ist **the skitters** *(das Rennen)*, **the scutters** *(Irisch: Durchfall)*, **the runs** *(das Rennen)*, **the Turkey Trots** *(Türkei*

The jacks

corporation hairoil (Stadtverwaltungshaaröl) = Wasser

Dünnpfiff), allesamt Synonyme für Dünnschiss. Der Stuhlgang als solcher ist ein **dirty job** *(dreckiger Job)*, **jobby** *(kleiner Job)*, **jobs** oder **daff** *(Exkremente)*.

to have a direct line to the jacks
eine direkte Verbindung zur Toilette haben
direkt aufs Klo marschieren

Das Verrichten der größeren Notdurft nennt der Ire **to cope**[U], **to go for a crap** *(kacken gehen)* oder **to skite**[U] *(schießen)*. Ergänzend gibt es **to shed a tear for Ireland** *(eine Träne für Irland vergießen)* oder schlichter ausgedrückt **to pish**[U] *(urinieren)* oder **to piddle** *(von „to pish" + „puddle" (Pfütze) = pinkeln, Pipi machen)*.

I'm dying for a slash.
ich sterbe für ein Schiffen
Ich muss mal pissen.

Der Bettnässer ist ein pish-the-bed[U].

to blitter[U]	furzen *(rasseln)*
to let one rip	einen fahren lassen
manky	dreckig *(mangelhaft)*
ganky	widerwärtig *(abstoßend)*
skanky	ekelhaft *(abscheulich)*
whang	Mief *(scharfer Geruch)*
hogo[U]	Gestank *(unangenehmer G.)*

Den Schotten wird beim Waschen ein sparsamer Umgang mit Wasser nachgesagt.

Die Katzenwäsche ist ein **cat's lick** *(Lecken der Katze)*, **lick-over** *(Drüberlecken)* oder **Scotch lick**[U] *(schottisches Lecken)*.

The troubles

The troubles

Mit 36 % unter 25-Jährigen hat Nordirland die jüngste Bevölkerung innerhalb des Vereinigten Königreiches. Diese sprechen regelmäßig Slang. Doch auch darüber hinaus erfreuen sich die nachfolgend aufgelisteten Begriffe großer Beliebtheit, schließlich benutzen viele Katholiken und Protestanten in Nordirland das Englische, um die Polarisation zu verdeutlichen.

Die Belfaster sind bekannt für ihr schnelles Sprechen, hier wird man also ein besonders geschultes Ohr benötigen, um manchen Gesprächen folgen zu können.

> **the troubles** Nordirlandkonflikt
> **the North** Nordirland
> **the six counties** *die sechs Grafschaften;* Nordirland, von Nationalisten und Republikaner verwendeter Begriff
> **Rome Rule** *Rom Herrschaft;* Wortspiel mit **home rule** (Selbstverwaltung), bezieht sich auf den Einfluss der katholischen Kirche in der irischen Republik
> **bulkies** *Massige;* nordirische Polizei (Royal Ulster Constabulary = RUC), 2001 umbenannt in Police Service of Northern Ireland (PSNI)
> **Auxies** Abkürzung für Auxiliary Division of the Royal Ulster Constabulary, Hilfstruppe der nordirischen Polizei, 1920 eingesetzt
> **B man / B-Special** Mitglied der protestantischen Polizeitruppe Ulster Special Constabulary, 1920-1970er Jahre

***Green and orange** steht für die beiden Seiten im Nordirlandkonflikt, gälischstämmige Katholiken (Grün) und Protestanten als ehemalige Anhänger Wilhelm von Oraniens (Orange).*

Mural, The Falls, Belfast

The troubles

Tans = **Black and Tans**, wörtl.: Schwarze und Hellbraune (Uniformfarben); britische Truppen, die 1920 zur Verstärkung der Royal Ulster Constabulary (RUC) eingesetzt wurden und im Süden und Westen Irlands hemmungslos plünderten und unschuldige Zivilisten ermordeten, deshalb starkes Reizwort in Irland und schwarzes Kapitel in der britischen Geschichte.

Stick(ie), wörtl.: Kleber; Spitzname für Mitglieder der Official Sinn Féin, die ihre Namensschilder festklebten; Mitglieder der **Provos** wurden auch **pinheads** (Stecknadelköpfe = Idioten) genannt, da sie sie mit Nadeln befestigten.

> **horney** *Hörner Tragender = Teufel;* Polizist
> **King Billy** Wilhelm von Oranien, Symbol des Oraniertums
> **Billy Boy** Mitglied des Oranierordens oder anderer loyalistischer Organisationen
> **the Lads** *die Jungs;* Mitglieder der IRA
> **Direct Action Against Drugs** *direkte Maßnahme gegen Drogen;* Tarnname der IRA
> **Provo** Abkürzung für Provisional IRA, Mitglied oder Unterstützer dieses militanten Flügels der IRA
> **sticky** *klebrig;* verbunden mit oder frequentiert durch die Official IRA, wird vor allem für Pubs verwendet
> **Chuckie Armani** Gerry Adams, Kopf der Sinn Féin (trägt gern edle Anzüge)

What foot does he dig with?
mit welchem Fuß gräbt er
Ist er Protestant oder Katholik?

Die Antwort darauf beinhaltet jeweils **to dig with** *(graben mit)* und wird mit dem „passenden" Fuß ergänzt: mit **the left foot** *(der linke Fuß)* ist die Person Katholik, mit **the right foot** *(der rechte Fuß)* hingegen Protestant bzw. hat dieselbe religiöse Überzeugung; mit **the wrong foot** *(der falsche Fuß)* gehört man der anderen Seite an, mit **the same foot** *(der gleiche Fuß)* zeigt man, dass man ebenfalls katholisch bzw. protestantisch ist; **both feet** *(beide Füße)* bedeutet, man hat keine Skrupel.

The troubles

mainland *Festland;* Großbritannien, von Unionisten/Loyalisten verwendet
pig *Schwein;* gepanzertes Fahrzeug
H-block Gefängnisgebäude, insbesondere in Belfast
bucky wire Stacheldraht
halfer halber Ziegelstein
to lift verhaften
carryin *tragend;* bewaffnet
to knee-cap in (beide) Knie(scheiben) schießen, von paramilitärischen Gruppen angewandte Methode der Bestrafung vermeintlicher Informanten

H-block bezieht sich auf den H-förmigen Grundriss der Gebäude

to jump (from Catholicism to Protestantism)
= vom Katholizismus zum Protestantismus übertreten, um so in den Genuss von Vorteilen zu kommen

Parade am St Patrick's Day

The troubles

Wie anderswo auch existieren in Nordirland abwertende Bezeichnungen für bestimmte Personengruppen. Sie dienen hier lediglich der Information, sollten aber nicht verwendet werden.

Slang der Katholiken
H vorwiegend für Katholiken charakteristische Aussprache des Buchstabens H als „haitch"
black men *schwarze Männer;* Mitglieder der Imperial Grand Black Chapter of the British Commonwealth, protestantische Organisation, gegründet 1797
black *Irisch: gemein, feindselig;* fanatisch, der protestantischen Sache verschrieben
the black North der protestantische Norden
black hole *schwarzes Loch;* eine ausschließlich protestantische Stadt
Black Saturday letzter Samstag im August, an dem die **black men** aufmarschieren
blackmouth *Schwarzmund;* Presbyterianer
alabnach schottischer Protestant, Engländer
tout *spähen/über die Schulter gucken;* Informant, Spitzel

Schimpfwörter für Protestanten sind **prod, proddy, proddy-dog** *(Protestanten-Hund),* **proddy-hopper** *(-Hüpfer),* **proddy-woddy, billy** *(Wilhelm von Oranien, s. o.)* oder **black Protestant** *(feindseliger Protestant).*

Them Prods can't talk right.
Diese Protestanten können nicht richtig sprechen.

The troubles

to have a strake of blue in you
eine Spur blau in sich haben
Protestanten unter den Ahnen haben

Slang der Protestanten

Schimpfwörter für Katholiken sind **croppie** (*Geschorener*), **taig** (*irischer Vorname*), **mick** bzw. **mickey** (*häufiger irischer Vorname*), **leftfooter** (*Linksfüßler*), **catty** (*Abkürzung für „Catholic"*), **pape** (*Papist*), **Fenian** (*Fenier*), **Fenian bastard** (*Fenier Schwein*) oder **lundy** (*feiger Verräter*). Letzteres ist abgeleitet von Colonel Robert Lundy, Gouverneur von Londonderry, der 1689 bei der Stadtbelagerung der Jakobiten zu fliehen versuchte.

You can tell he's a Taig the minute he opens his bake.
Man hört, dass er Katholik ist, sobald er das Maul aufmacht.

Folgende Ausdrücke haben mehrere Bedeutungen: Mit **Catholic-looking** (*katholisch aussehend*) meint der Katholik „sauber, ordentlich, anständig aussehend", aus dem Munde eines Protestanten kommend, bedeutet es hingegen „unordentlich, provisorisch". Sagt ein Katholik **Protestant-looking** (*protestantisch aussehend*) bedeutet es „unnütz, unangenehm, verkehrt", kommt es aber aus dem Mundes eines Protestanten, ist „ordentlich, sauber, respektabel" gemeint.

Croppies waren ursprünglich die kurzgeschorenen Aufständischen im Jahre 1798.

Fenier = ursprünglich Mitglieder eines irischen Geheimbundes zum Sturz der englischen Herrschaft (1858-1880)

*the Field
= Ziel eines Oranier-Umzuges oder einer Demonstration am 12. Juli*

Effin and Blindin

Effin and Blindin

Schon James Joyce konnte sich das eine oder andere **fuck** in „Ulysses" (1922) nicht verkneifen. **Four-letter-words** können in Irland erstaunlich oft in ein und demselben Satz auftauchen. Ein **senti-fucking-mental** gehört **abso-fucking-lutely** nicht zum sprachlichen Repertoire eines jeden Iren, ist jedoch keine Seltenheit. Und so erstaunt es nicht, dass die Iren als die unflätigste Nation Europas und neben den Australiern als die besten Flucher der englischsprachigen Welt gelten. Das Fluchen an sich nennt man **blinking** *(Schottisch: Verzaubern)*.

Effin and blindin = Wörter mit „F" sagen und fluchen; bedeutet „ständiges bzw. starkes Fluchen"

Einst hörte ich wie ein gebildeter junger Ire sich wutentbrannt vergaß: **James, get the fuck up now or I'll have to take you out of the house and I'll fucking drop you onto the fucking street ... !!!**

to have a dirty tongue
eine dreckige Zunge haben
eine Menge fluchen

to get dog's abuse
Hundebeschimpfung bekommen
beschimpft werden

Das Beschimpfen umschreibt man mit **to barge** *(Schottisch: zanken)* oder:

to give someone dog's abuse
jemandem Hundebeschimpfung geben

to call someone out of his/her name[U]
jemanden anders als bei seinem Namen nennen

Effin and Blindin

to give someone the length of your tongue
jemandem eine Zungenlänge verabreichen
(auch: ausschimpfen)

to slag each other
einander beschimpfen
einander im Spaß verspotten, beleidigen
(häufig unter Freunden praktiziert)

Während man bei uns am liebsten „Kacke", „Scheiße" u. Ä. sagt, nimmt der Ire **a load of balls** *(eine Ladung Bälle/Hoden = Unsinn),* **shite** oder **shit** *(Scheiße),* **fuck (it)** oder etwas verharmlost **feck (it).**

to be full of shite
voll Scheiße sein
gern übertreiben, dumm rumquatschen

He was shit scared, so he was.
Er hatte eine Scheißangst.

For fuck's sake! **Fucking hell!***
Verdammt nochmal! Verdammte Scheiße!

You are fucking right.
Du hast verdammt Recht.

It's a waste of fucking time.
Das ist eine verdammte Zeitverschwendung.

She got fucking raging.
Sie flippte total aus.

Vermeintliche Beschimpfungen können auch Verwendung als wohlmeinende Kosenamen finden, z. B. **You fucking eejit.** *(du verdammter Idiot).*

Effin and Blindin

Fuck the begrudgers!
zum Teufel mit den Neidern
Kampfruf all jener, die Erfolg um jeden Preis wollen

Nebst **fucking** *(fickend)* und seiner verharmlosten Variante **frigging** *(kopulierend)* sind auch **bloody** *(blutig)*, **bleeding** *(blutend)*, **shagging** *(bumsend)* beliebte allgemeine Verstärkungswörter im Sinne von „verdammt"!

You have your glue.
du hast deinen Klebstoff
Du kannst mich mal./Scheiße!

It's all a lot of bollix.
das ist alles eine Menge Hoden = Unsinn
Das ist eine Scheiße.

Zieh Leine! Leck mich!

Lagonish!	Halt dich da raus! *(Irisch: hör auf)*
Pogue Mahone!	Leck mich am Arsch! *(Irisch: küss meinen Arsch)*
Lay off!	Hau ab! Hör auf! *(lass ab)*
Scram!	Mach dich vom Acker!

Ask me arse!*
frag meinen Arsch
Für wie bescheuert hältst du mich?
Du kannst mich mal!

Effin and Blindin

Stick it up yer Swiss!
Steck's dir in den Arsch!
(Wortspiel: **Swiss roll** = **hole** = Loch)

Für das deutsche „Verpiss dich!" verwendet man: **Fuck off with yourself!*** bzw. **Fuck away off with yourself!***ᵁ *(hau ab mit dir selbst)*, **Go and shite!*** *(geh und scheiß)*, **Jow off!** *(geh weg)*, **Hump off!**ᵁ *(bums weg)* oder:

Get up the yard!
Sieh zu, dass du Land gewinnst.

Wo das unverfälschte **fuck off*** *nicht angebracht ist, wird das politisch korrekte* **feck off** *oder* **eff off** *für „Leck mich" benutzt.*

Idioten & Co.

Einen Idioten nennen die Iren **eejit** *(Idiot, Schreibung an Aussprache angepasst)*, **gawk** *(Schottisch: Narr)*, **glake** *(Schieler)*, **caffler** *(Irisch: Schwafler)*, **gom** *(Narr)*, **gombeen** *(Zinswucherer)*, **gowl** *(Irisch: Gabelung)*, **BIFFO (= big ignorant fucker from Offaly),** sprich ein „Idiot aus Offaly" oder **BUFFALO (big ugly fucker from around Laois/Offaly),** sprich „Idiot aus Laois/Offaly". Ein dummer Typ ist ein **omadhaun** *(Irisch: Narr)*.

Der Vollidiot ist ein **buck eejit** *(männl. Idiot)*, **daft idiot** *(dämlicher Idiot)* oder **Fecky the ninth.** Die absolute Nulpe ist ein **two ends of a clift**ᵁ *(zwei Enden eines Idioten)*. Mit **ate-your-bun** benennt man jemanden, dem das „Brötchen" abhanden gekommen ist, soll heißen eine hohle Nuss, einen Blödmann.

Who ate your bun? bedeutet "Was ist los mit dir?"

Effin and Blindin

Auch als Selbstbezeichnung verwendbar:

I believed you, foolish ate-your-bun dat I am.
Ich Blödmann hab dir geglaubt.

Me muggins!　　　**Me bollix!**
ich Einfältiger　　　*ich Hoden = Schwachkopf*
Ich Idiot!　　　　　Ich Idiot!

Eejity *(idiotisch)* ist auch der Bekloppte, den man **loon** *(Verrückter)*, **header** *(Köpper)*, **headbin** *(Kopf-Mülleimer)*, **messer** *(inkompetenter Typ)*, **maggot** *(exzentrische Idee = Spinner)*, nennt. Den Schwachkopf oder Trottel nennt man **dope** *(dumme Person)*, **donsie** *(Schottisch: schwach = Schwachkopf)*, **coof**[u] *(Schottisch: Schurke)*, **binlid**[u] *(Mülleimerdeckel)* oder **bostoon** *(Irisch: Flegel)*. Ein Hornochse ist ein **browl** *(Irisch: Esel)*. Der Dummquatscher wird als **gobshite** *(Maul Scheiße)* und das Großmaul als **blirt**[u] *(Schottisch: Unwetter)* bezeichnet.

silly-go-saftly = Nichtsnutz (Dummerchen werde Weichling)

*gown soura = Schlappschwanz; ist vom irischen Begriff für „Sommerkalb" abgeleitet, da es mit viel Milch großgezogen wird. Der ansonsten im Englischen gebräuchliche Begriff für „Schlappschwanz", **milk sop**, wörtlich Milchdurchtränkter, hat einen ähnlichen Hintergrund.*

choker	Versager *(Enttäuschung)*
oother[b]	Stümper *(Wollfluse)*
brallion[u]	Nichtsnutz *(Irisch: Pfuscher)*
slob	Weichling *(Irisch: Modder, Schlamper)*
drink of water	Schwächling *(Schluck Wasser)*
mammy's boy	Muttersöhnchen
cloustered	verwöhnt, verzogen *(Irisch: eingemummelt)*
cookered	verhätschelt *(getröstet)*
dry shite*	Langweiler *(trockene Scheiße)*

Effin and Blindin

Arschloch

Der Dreckskerl oder Schweinehund ist ganz klassisch ein **bastard** *(Bastard)*, der Arsch ein **fucker** bzw. **fecker** *(Ficker)* oder **bleeder** *(Bluter)*, und das Arschloch oder auch den Scheiß bezeichnen die Iren als **bollix** bzw. **bollocks** *(Hoden = Unsinn, Mist)*.

He was an oul' bollix, tha' fella.
Der Typ war ein altes Arschloch.

Grundvokabeln wie **fucker** *(Ficker)*, **bollix** *(Hoden = Schwachkopf)*, **bastard** *(Bastard)* und auch **bitch** *(Scheußlicher)*, können mittels der scheinbar harmlosen Erweiterungen **right** und **bad** modifiziert werden.

Ein (dämlicher) alter Arsch ist ein **daft old fucker,** den Scheißkerl kennt man als **shitehawk** *(Scheißer)* oder **bugger** *(Wanze)*. Der Saftsack nennt sich **ball-bag** *(Ball-/Hodensack)* oder **can of piss*** *(Dose Pisse)* und den dummen Sack schimpft man **rodney** *(Niete)* oder **langer** *(Langer = Schwanz)*. Der Scheißer ist ein **get** bzw. **git** *(Bastard)* oder **knacker** *(Pferdeschlächter)*, den Wichser kennt man als **wanker*** oder **tosser** *(Schüttler)*. Der Hurensohn ist ein **hoor's melt*** *(Hurensprössling)*, **hoor's get*** *(Hurenbastard)* oder schlicht **hoor.** Den Arschkriecher bringt man eher mit Arschlecken in Verbindung: **lick** *(Lecker)*, **lick-arse** *(Leck Arsch)* oder **lick-me-lug**ᵁ *(leck mein Ohr)*.

*Aber Achtung: Man sollte sich der Konsequenzen bewusst sein. Ein **right fucker** ist schlimmer als ein simpler **fucker** und der **bad fucker** unter Umständen sogar ein gefährliches Wesen, dem man besser aus dem Weg geht.*

*Shitehawk: das -hawk ist hier eine Analogie zum aus dem Irischen abgeleiteten **gobhawk** (scharfzüngige Person), hat also nichts mit dem „Habicht" zu tun.*

Effin and Blindin

brock[U]	schmutzige, unangenehm riechende Person *(Dachs)*
firkel	Schwein, schmutziger Kerl *(Ferkel)*
bin hoker	einer, der Essbares im Müll sucht *(Mülleimerdurchsucher)*
to cadge[U]	betteln *(tragen)*
dirt-bird	Schuft *(Schmutzvogel)*
brada	Halunke *(Dieb/Plünderer)*
messen[U]	mieser Hund *(Schottisch: Hund)*
sleeveen	falscher, widerwärtiger Typ *(Irisch: hinterhältiger Mensch)*
skanger	hässlicher Kerl
cadder[U]	übelriechender alter Mann *(Lederarbeiter)*

hippety clippety clatterty clinch

dotterel[U] *Geschlurfe*
= *seniler Mensch* schlampiger Alter

rung[U]
= *alte Tussi,*
alter Knacker
(wörtl.: Knüppel)

Schlampen & Co.

Die Schlampe beschimpft man mit **slag, streel** *(Irisch: Schlampe)*, **throllop** *(von „trollop" = Dirne)*, **haverel** *(Schottisch: Schwachsinnige)*, **slammick**[C] *(Irisch: Unordentliche)*, **flipe**[U] *(Schoß = Flittchen)* und wenn es sich ganz speziell um eine schlampige, faule Hausfrau handelt **clart** oder **clat**[U] *(Schottisch: Dreck)*. Das passende Adjektiv dazu ist **dowdy** *(schlampig)*. Ein vulgäres Ding nennt man **flahoola** *(Irish: Auffallende, Grelle)*, **hallion** *(Schottisch: vulgäre Frau)*, eine Frau mit lockerem Lebenswandel

Effin and Blindin

ist ein **dirt-bird** *(Schmutzvogel)*, **dildo** *(eine die Zärtlichkeiten austauscht)* oder im Sinne von Flittchen bzw. leichtes Mädchen beschimpft man sie mit **brasser*** *(Schamlose)*. Nicht viel anderes meint man mit **scanger*** *(dumme Frau)*, **scrubber*** *(Schrubberin = Prostituierte)* oder **slapper*** *(eine, die viele (Kerle) hat)*, wie man billige, ungebildete Dinger oder „Dorfmatratzen" umschreibt.

Für die Dummen und Simplen hat man auch im Irischen einiges in petto: **ownshuck** *(Irisch: dumme Frau)* bezeichnet die dumme Gans, **gipe** *(Unsinn)* die dumme Tusse, **country Joan** die einfältige, einfache Frau vom Lande, **culchie** *(jemand der nicht in Dublin geboren wurde)* ist der Bauerntrampel und **horse-godmother** *(Pferdepatin)* das große, plumpe Mannsweib.

__hoor__ (Hure) wird als allgemeines Schimpfwort öfter für Männer als für Frauen benutzt

Unter den eher Hässlichen kennt man **blade** *(Klinge)* oder **tackle**ᵁ *(Gerät)* für eine eigenartig gekleidete Frau, **Mary banger** *(Mary Knaller)* oder **Mary hick** *(Mary harmlos)* für eine unelegante, schlunzige Frau und im Extremfall **grot** *(Grotte)* für ein grottenhässliches Mädel.

You look a dose.
Wie siehst du denn aus!

Das glatte Gegenteil ist **Lady Muck from Clabber-hill** *(Lady Dreck vom Schlammhügel)*, die feine Tussi. Dieses eingebildete Ding nennt man **cockaninny**ᵁ *(Schottisch: Haare mit Haar-*

__dod__ᵁ = Schmollen, Eingeschnapptsein

Effin and Blindin

biddy (Bridget) ist als aufdringliches, lästiges altes Weib, **carlin**[U] (alte Frau) als aggressive alte Frau und **old doll** (alte Puppe) als alte Tussi bekannt band zusammenhalten = eingebildetes Mädchen) und es ist einfach etwas **huffy-snuffy** (grantig eingeschnappt = eingebildet). In diesen Kreisen kennt man oft eine **dilsy**[U], sprich eine Frau, die versucht, gesellschaftlich empor zu kommen (Aufsteigerin, Streberin). Das unverschämte Ding kennt man als **mopsy** (reizlose oder schlampige Frau) und das unangenehme, herrische Weib als **wagon** (Waggon).

Gewalt

Um jemanden zu verdreschen oder verprügeln, bedient man sich auch im irischen Englisch einer Vielzahl an längerer Analogien:

> **to make duck's meat of someone**[U]
> *Entenfleisch aus jemandem machen*
> **to lace someone's jacket**
> *jemandem die Jacke zuschnüren*
> **to give someone a rub of the relic**
> *jemandem das Ding polieren*
> **to knock the stoor out of someone**
> *den Staub aus jemandem herausschlagen*
> **to beat the lard out of someone**
> *das Schmalz/Fett aus jemandem herausschlagen*
> **to kick/beat the shite out of someone***
> *die Scheiße aus jemandem raustreten*
> **to fleece** *scheren*

Konkrete Androhung für eins aufs Maul:

Effin and Blindin

to hit someone a dig in the beak
jemandem einen Schlag auf den Schnabel geben
to give someone a puck in the gob
jemandem einen Schlag aufs Maul geben

codology	Streich	
to greg someone	jemanden ärgern	
to give gob	frech sein *(Schnabel geben)*	*clatter*
caving	Tracht Prügel *(Schottisch: Hin- und Herstoßen)*	= *wörtl.: Rasseln; Prügel (meist von Eltern)*
cementing[u]	Dresche *(Zementieren)*	
gutty	Rowdy *(einer aus der Gosse)*	
bowsie[d]	Rowdy *(Säufer)*	
jundie/jundy	rempeln, drängeln	
junder[u]	rempeln, drängeln	
to dunsh[u]	stoßen, schubsen	
dunt/dint[u]	Schlag, Schubs, Stoß	
mill	Schlägerei	

to go one's dinger
rasend werden
wild werden, Amok laufen

115

Having kissed the Blarney Stone

Having kissed the Blarney Stone

Mit **blarney** sind Schmeicheleien oder Redegewandtheit gemeint. Im Bereich „Liebesgeflüster" kennt man das als **to commither** *(komm-her)*, jemand der solches tut ist **buttermouthed**[U] *(mit Buttermund = um den Bart gehend)*.

Der Legende nach hat to have kissed the blarney stone = „Leute beschwatzen können" seine Wurzeln bei Königin Elisabeth I., die einst ein holder Recke beschwatzte. Die Festung seines Clans war Blarney Castle.

to put the commither on someone
jemandem das Komm her machen
faszinieren (meist jemanden des anderen Geschlechts)

to be a fright at something
furchterregend in etwas sein
sehr gut in etwas sein

Reaktion auf das Kompliment
You're looking great!: **'Tis the divil pulling me leg!**
es ist der Teufel der mich auf den Arm nimmt
Nicht im Ernst!

er über sie

Right dient in Irland manchmal einfach als Verstärker.
a right flighty article
ein sehr flatterhaftes Stück
ein sehr kokettes Frauenzimmer

a strap of a girl
ein energisches gut gebautes oder Dirne von einem Mädchen
ein bestimmtes, stabiles Mädel / eine Hure

Having kissed the Blarney Stone

chancy[u]	attraktiv *(Schottisch: Glück habend)*
good-like	gut aussehend
eye-bright[u]	toller Anblick *(Augenstrahlen)*
seemly	hübsch *(anständig)*
the full of your eye	bildschön *(das Volle deines Auges)*
dead fink	umwerfend
fly-away	zu fein angezogen, kokett *(wegfliegend)*

Das auf Seite 100 schon einmal vorgestellte **ganky** *bedeutet hier „hässlich" (abstoßend).*

Wie **right** *steht auch* **dead** *häufig für „total/sehr".*

She's dead on.
Sie ist in Ordnung.

She's a right lasher.
Sie ist eine richtige Schönheit.

mot[u]	Mädel, Schatz *(Mädchen)*
filly	Bienchen *(junge Stute)*
totty	Schnalle *(Edelhure)*
fine thing	Klassefrau *(feines Ding)*
fink	sehr hübsches Ding
gauzer	Prachtstück *(Wunderbare)*
full lady	perfekte Frau *(volle Frau)*
slasher	Superfrau *(Knaller)*
flah[c]	heiße Biene *(Irisch: Party = Fick)*
wigger[d]	steiler Zahn *(Wackler)*
an absolute ride	total heiße Braut *(ein totaler Fick)*
big-diddied	mit großem Vorbau *(großbusig)*

me oul' segotia
= *wörtl.:*
meine alte Blume
= *enger Freund,*
Kumpel

Having kissed the Blarney Stone

fine/great/good hoult
ein feiner/großartiger/guter Griff
sexy Frau

Fine thing verwendet nicht nur er für sie, sondern auch sie für ihn.

sie über ihn	
eye-bright^U	toller Anblick *(s. o.)*
eye-sweet^U	gut aussehend *(Augensüßes)*
me fellah	mein Freund *(mein Kerl)*
mickey-dazzler	Herzensbrecher *(Vagina Blender)*
smigger^U	Schürzenjäger *(Schmuser)*
ride	attraktiver Kerl *(Fick)*

He's a panic.
er ist eine Panik
Er ist zum Totlachen.

What more could you expect from the likes of him!
Mehr konnte man vom so einem auch nicht erwarten!

verliebt

Es beginnt alles mit **to have a person in your eye,** wenn man ein Auge auf jemanden geworfen hat. Dann ist man nämlich **dead on a person**^U, in jemanden verknallt.

to be out of your latitude for someone
aus seiner geografischen Breite sein wegen jmd.
in jemanden sehr verliebt sein

Having kissed the Blarney Stone

Schon will man **to come after somebody**[U], also hinter jemand her sein. Man versucht dann jemanden aufzureißen, **to pull someone** *(jemanden abschleppen)* bzw. **to move someone** *(jemanden bewegen)* oder die angebetete Person zu einem **jag**[C] *(Verabredung, Date)* zu bekommen. Findet man einen Partner/ eine Partnerin, nennt man das **to click with**[U] *(anhaken)*, was man auch mit „jemanden aufgabeln" übersetzen kann. Lässt man sich mit jemandem ein, nennt sich das **to take in with** *(jemanden aufnehmen)*.

Mit jemandem gehen kann man mit folgenden Redewendungen umschreiben:

Sollte man es in Irland bis zur Hochzeit bringen, sollte man (vielmehr frau) sich unbedingt weigern, sich in Grün das Jawort zu geben, da dies noch heute Unglück verheißt.

> **to do a line with somebody**
> *eine Linie mit jemandem machen*
> **to be motting somebody**
> *jemanden zum Schatz machen*
> **to be on with somebody**[U]
> *mit jemandem „an" sein*
> **to go steady**
> *fest mit jemandem gehen*

He must be motting her now.
Er geht scheinbar jetzt mit ihr.

Nicht immer geht es lange gut und dann heißt es **to give someone fifty**[C] *(jemandem fünfzig geben)*, wenn man absichtlich jemanden versetzt oder **to be bombed out** *(ausgebombt sein)*, wenn man sitzengelassen wurde bzw. den Laufpass bekommen hat.

Having kissed the Blarney Stone

Ehe

matchmaker
= traditioneller Heiratsvermittler, der in Landstrichen, in denen chronischer Frauenmangel herrscht, Paare zusammenbrachte, um das Aussterben ganzer Familien zu vermeiden und kontaktarmen Junggesellen etwas auf die Sprünge zu helfen; heute fast ausgestorbenes Amt

Laut Tradition bestimmt das an Halloween besonders präparierte **barm brack,** ob man früher oder später der Ehe fette Beute wird. Wer den eingebackenen Ring in seinem Stück findet, wird binnen eines Jahres heiraten, wer auf ein Tuch stößt, kommt gar nicht unter die Haube, wer einen Stock erwischt, hat körperliche Züchtigung in der Ehe zu befürchten, eine Bohne sagt Armut, eine Erbse hingegen Reichtum voraus.

Auch das traditionelle, heute kaum noch zubereitete Gericht **colcannon** diente an Halloween zur Vorhersage der Zukunft. Ein darin gefundener Ring stand ebenfalls für Heirat binnen eines Jahres, ein Knopf bzw. ein Fingerhut für das Ledigbleiben.

Paar in Nordirland

Having kissed the Blarney Stone

to jump over the besom
über den Besen springen
in wilder Ehe miteinander leben

Für die Eheleute gibt es ein paar Begriffe zur Auswahl: **wan** *(eine)*, **herself** *(sie selbst)*, **the missus** für die Ehefrau und **ould fellah** *(alter Kerl)*, **himself** *(er selbst)* oder **the man** für den Ehemann.

bottle-night	Junggesellenabschied bzw. Party für die Braut *(Flaschen-Nacht)*
fitter	gute Ehefrau *(Passende)*
Tam Targer[U]	Frau, die die Hosen an hat
jinnied husband	Pantoffelheld *(Ehemann unter dem Pantoffel)*
infair	Nachhausebringen der Braut nach der Hochzeit
to haul home	die Braut nach der Hochzeit zum Haus des Bräutigams bringen *(nach Hause schleppen)*
to lay out	fremdgehen *(sich ausbreiten)*

bride's part[U]
= schönes Wetter am Morgen des auf die Hochzeit folgenden Tages verheißt eine gute Zukunft, schlechtes Wetter hingegen lässt eine schlechte Zukunft befürchten

Tam Targer[U]
*= **Tam** (männlicher Vorname) + **targer** (Schottisch: zänkische Frau)*

to cast the creels[U]
die Körbe werfen
sich streiten

to be past one's market[U]
seinen Markt hinter sich haben
eine alte Jungfer sein

The bold thing

The bold thing

Vorsicht ist geboten bei der Verwendung scheinbar unverfänglicher Sätze wie **I went for a ride.** Da der Ire mit **riding** sexuelle Aktivität ausdrückt, könnte man sich so unwissentlich sexueller Eskapaden rühmen, obwohl man doch in Wirklichkeit nicht durch die Betten, sondern nur unschuldig mit dem Fahrrad durch die irische Landschaft tobte. Um bei der Wahrheit zu bleiben, verwende man gegebenfalls **I went for a cycle.**

Herumturteln

to kajool[U]	umarmen und küssen *(schmeicheln)*
cleeked[U]	Arm in Arm *(eingehakt)*
to act the linnet	herumturteln *(sich wie der Hänfling (Vogel) benehmen)*
birdie	Kuss *(kleiner Vogel)*
goozer	Kuss
to smig	sich küssen, schmusen
to swap spits	sich küssen *(Spucke tauschen)*
to snog	knutschen

to get off with someone
mit jemandem abheben
Zungenküsse austauschen

The bold thing

to be cheek by chawl[U]
Wange an Wange sein
Tuchfühlung haben

to take your pumps off
die Pumps ausziehen
jede Zurückhaltung ablegen

Intim werden

flies	Hosenschlitz, Reißverschluss
drawers	Slip, Schlüpfer *(Zieher)*
alan wickers	(Reim auf **knickers** = Unterhose)
alans	Abkürzung für Obige
to get off you	sich ausziehen
to throw off you	die Sachen von sich werfen
to get on you	sich anziehen
the bit	Sex *(das bisschen)*
the bold thing	Sex *(die freche Sache)*
shag	Nummer
fuck*	Fick
ride	„Ritt"

to score
= intim werden, ins Bett kriegen (einen Treffer landen)

Für „nackt" gibt es im irischen Englisch ein paar schöne Varianten: **in your body** *(in seinem Körper)*, **in the nip, bare naked** *(splitternackt)*, **bone-naked** *(splitterfasernackt)* und **mother naked** *(Mutter-nackt;* Anspielung darauf, dass man nackt aus dem Schoß der Mutter das Licht der Welt erblickt).

The bold thing

Den Geschlechtsakt kann man beschreiben mit **to shag** (bumsen), **to shift** (sich schnell bewegen), **to fuck*** (ficken), **to ride** (reiten), **to flah**[c] (Irisch: Party = Sex haben) oder mit folgenden figurativen Redewendungen:

to have a ride of someone
einen Ritt von jemandem haben
to do the bold thing
die freche Sache machen

the digs[d] *= Dubliner Rotlichtbezirk*

Den Herren der Schöpfung vorbehalten sind folgende Wendungen:

to have a brush with someone
eine Bürstung mit jemanden haben
to get your hole*
sein Loch bekommen
to get your whack*
seinen Schlag bekommen
to bury the baldy fella
den kahlen Burschen versenken
to hammer a job on a girl*
ein Ding auf ein Mädel hämmern
to mow a girl[u]
ein Mädel mähen

to give someone a gobbler, wörtl.: jemandem einen Schlucker geben = jemandem einen blasen

Plumpe Einladungen zum Sex klingen folgendermaßen:

Get them off ya!
zieh sie (Schlüpfer) dir aus
Zeig mal, was du hast!

The bold thing

Get up the yard!
komm den Hof hoch
Wie wär's mit uns beiden, Süße?

on the box^c	beim Sex *(auf der Möse)*
ire^c	sexuelle Erregung *(Reiben)*
bugle^d	Erektion *(Horn)*
ardhews	Erektion *(Erregung)*
gipo^d	Samen
double barrel	mehrmaliger Orgasmus des Mannes *(doppeltes Fass)*

Körper- & Geschlechtsteile

fizog	Gesicht *(Physiognomie)*
snout	Visage *(Schnauze)*
snotterbox	Nase *(Schnodderkasten)*
scone	Kopf *(Brötchen)*

Für das Hinterteil gibt es verschiedenste Namen: **hurdies**^u *(Schottisch: Pobacken)*, **case o' pistols**^u *(Pistolen Kasten)*, **arse*** bzw. **erse** *(Arsch)* und **bun**^u *(Brötchen)*. Der After ist das **hole** *(Loch)*, **kite** *(Drachen)*, **eye of one's arse*** *(Auge seines Arsches)*. Das Schamhaar nennt sich **pubickers,** als Verkürzung von **pubic hairs;** für das weibliche Schamhaar **brush** *(Bürste/Pinsel)* oder **bazz**^c.

Dann gibt es natürlich die geschlechterspezifischen Merkmale. Für die Jungs sind erst einmal die Hoden zu nennen: **prune**^d *(Pflaume)*, **taw**^u *(große Murmel)*, **crig** *(Irisch: Fels)*,

Allied Irish ist abgekürzt von Allied Irish Bank, was sich auf wank reimt und somit „wichsen" bedeutet.

Noch ein Beispiel für Rhyming Slang ist handy shandy, was erst einmal klingt wie „handliches Radler". Es hat aber nichts mit Bier und Limo zu tun, sondern bedeutet nur „wichsen".

The bold thing

bollix *(von* **bollocks** *abgeleitet = Eier)*, **bangers** *(Bumser)*, **goolies**[d] *(Bälle)*, **clinkers**[U] *(Prächtige)*, **kaks, nakers** *oder* **flowers and frolics** *(Reim auf* **bollix***, s. o.)*. Dazu gehört dann natürlich der Penis: **langer** *(Langer)*, **lad** *(Bursche)*, **baldy lad** *(kahler Bursche)*, **mickey** *(üblicher Vorname)*, **flute** *(Flöte)*, **gooter, pinkie**[U] *(kleiner Finger)*, **baythur**[C] *(Schläger)*, der auch als „Kurzer" daher kommen kann und dann **budion**[U] *(Irisch: Penis)* oder **connahily** *(evtl. vom Namen eines Mannes abgeleitet, der einen „Kurzen" hatte)* heißt.

diddies
= Brustwarzen
(Mann und Frau)

Bei den Mädels stehen zunächst die Brüste im Vordergrund: **knockers** *(Schläger)*, **elders** *(Euter)*, **josies, bubbies**[U] *(evtl. verspielte Version von „boobies" = Titten)* und **dollies** *(Puppen)*. Die Vagina nennt sich **mother of all souls** *(Mutter aller Seelen)*, **mother of St Patrick** *(Mutter von St. Patrick)*, **fanny** *(Muschi)*, **box** *(Kiste = Möse)*, **mickey** *(selten gebraucht)*, **hairy molly** *(kleine pelzige Raupe)* oder **gee**[U] *(Ghee = indisches Butterschmalz)*.

schwanger

Einem irischen Aberglauben zufolge kann ein Paar gegen Unfruchtbarkeit ankommen, wenn es sich auf einem Dolmen (Steingrabmal) liebt. Hat man es geschafft und ist schwanger, nennt sich das **in the fashion** *(in der Art = in anderen Umständen)*, **up the hill, up the pole** *(beides: in Schwierigkeiten)* oder **heavy-footed**[U] *(schwerfüßig)*.

The bold thing

to be on the pill	die Pille nehmen
my friend	Menstruation *(meine Freundin)*
half-gone	halbe Schwangerschaft hinter sich habend *(halb gegangen)*
greening	Heißhunger einer Schwangeren auf etwas Bestimmtes *(Grünen)*
to fall to pieces	entbinden *(auseinanderfallen)*
handywoman	nicht ausgebildete Hebamme *(praktische Frau)*
howdywoman	*(Schottisch: Hebamme)*
to bring home	ein Kind entbinden *(nach Hause bringen)*
babby	Baby
love-bairn	uneheliches Kind *(Liebeskind)*

Junge nordirische Mütter

Literatur- und Surftipps

Literatur- und Surftipps

Sind Sie neugierig geworden und wollen Ihre Kenntnisse im Irish Slang noch weiter vertiefen, empfehle ich folgende Bücher (alle nur auf Englisch):

Alle hier aufgeführten Bücher sind nicht im REISE KNOW-HOW Verlag erhältlich.

- **Irish Proverbs,** Karen Bailey, The Appletree Press Ltd., Belfast 1996 – *kleine Sprichwörtersammlung*
- **Things Irish,** Anthony Bluett, Mercier Press, Dublin 1994 – *Informatives über die irische Kultur*
- **A Dictionary of Hiberno-English,** Terence Patrick Dolan (Hrsg.), Gill & MacMillan, Dublin 1999 – *Wörterbuch zum gezielten Nachschlagen*
- **The Wit of Irish Conversation,** Tadhg Hayes, The O'Brien Press, Dublin 1998 – *sehr lustige Konversationshilfe*
- **Belfast English and Standard English,** Alison Henry, Oxford University Press, Oxford 1995 – *sprachwissenschaftliche Abhandlung*
- **A Concice Ulster Dictionary,** Dr. C. I. Macafee (Hrsg.), Oxford University Press, Oxford 1996 – *gutes Wörterbuch für Ulster-Spezifisches, nicht nur Slang*
- **The book of feckin' Irish Slang that's great craic for cute hoors and bowsies,** Colin Murphy & Donal O'Dea, The O'Brien Press, Dublin 2004 – *kleine illustrierte Sammlung einzelner Slangbegriffe*

Literatur- und Surftipps

- **The Little Buke of Dublin – or How To Be a Real Dub,** David Kenny, New Island Books, Dublin 2000 – *Dublin unterhaltsam erklärt*
- **Irish Words & Phrases,** Diarmaid Ó Muirithe, Gill & Macmillan, Dublin 2002 – *(nüchterne) Erläuterung einzelner Begriffe, nicht nur Slang*
- **A Glossary of Irish Slang and Unconventional Language,** Diarmaid Ó Muirithe, Gill & Macmillan, Dublin 2004 – *Hintergrundinformationen über ausgewählte Slangbegriffe*
- **Slanguage – A Dictionary of Irish Slang,** Bernard Share, Gill & Macmillan, Dublin 1997 – *das Standardnachschlagewerk für irischen Slang*
- **Words Apart – A Dictionary of Northern Ireland English,** Loreto Todd, Colin Smythe, Gerrards Cross 1990 – *Wissenschaftliches über nordirisches Englisch im Allgemeinen*

Internet

- **www.spraakservice.net/slangportal/irish.htm** – *guter Einstieg, informiert sehr umfassend*
- **www.irishabroad.com/Culture/Slang** – *ebenfalls gut für Einsteiger*
- **www.beer-bytch.com/irishslang.htm** – *gibt einen guten Überblick*
- **www.corkslang.com** – *die Onlinefassung des Wörterbuches zum Cork-Slang*

Register
Register

Belfaster Geheimtipp

In diesem Register sind alle wichtigen Schlüsselwörter aus den irisch-englischen Sätzen und Wörterlisten des Buches aufgeführt. Ulster-Begriffe sind hier jeweils mit (u) markiert, Dubliner Begriffe mit (d), Belfaster Begriffe mit (b) und Cork-Begriffe mit (c) gekennzeichnet.

A

a bit 27, 52
a lot 26, 97, 108
a wee 52, 96
a wee thing drunk 96
a zed 42
aaba-knot (u) 61
abso-fucking-lutely 106
absolute 29, 117
abuse 106
across the water 34
act 50, 53, 122
afters 83
alabnach 104
alan wickers 123
alanna 65
alans 49, 123
alco 99
ale 93
Allied Irish 125
Allied Irish Bank 125
altogether 28
an 23
Andytown 35
apron 78
arcan 66
ardhews 125
are ye 33, 44, 49, 76, 89, 91
around 33
arse 44, 70, 84, 108, 125
arsing about 69
Arthur Guinness 96
Arthur's 94
article 116
ass 32, 40, 47, 95
ass's gallop 40
astray 89

at all 19
at oneself (u) 62
ate 109
ate-the-bolts (u) 69
ate-your-bun 109-110
Athens of Ireland 35
atrocious 45
authorized 57
Auxies 101
away 26, 44-45, 47, 54, 61, 67, 88, 96-97, 109, 117
away on 44
away with oneself (u) 45
away with the fairies 61
away with ye 44
awful 26
aye 41
aye right 44
aZoo 84

B

B man 101
baa 66
babby 127
baby 57, 84
Baby Power 93
back 34, 54, 74, 84
bad 64-65, 111
bad cess (u) 54
bad man below 55
bad pint 93
bad swally (u) 87
bag 48, 70
bake 49, 105
baldy 124
baldy lad 126
bales of briquettes 80

Register A-Z

ball 99
ball of malt 93
ball-bag 111
ball-hop 48
balloon (u) 48
balls 107
Ballygobackwards 34
balmed out 98
band 97
bang of the latch 92
bang on 41
bangers 126
bangtail 79
banjaxed 47, 97
banks 43
Banner County 35
banshee 60
bare 74
bare naked 123
barge 106
bark 29
barm brack 120
barmbrack 87
basin crop 80
bastard 52-53, 111
bate 49
batter 90
battle cruiser 89
bayrie 74
baythur (c) 126
bazz (c) 125
be off 27, 63
be on 119
be on the doss 71
beagle 32
beak 115
Bealtaine 39
bean 13
bean-jacks 13, 99
beard 43
beat 114

bed 44, 64
beddy 87
bedroom door 57
beef (u) 87
beer 94
bees 19
begor 56
begrudgers 108
Behind God Speed 34
below 34, 55, 73
bend (u) 90
berco 98
besom 121
best 45, 70
bevvy 91
bhodran 81
bibble-babble 50
bibbles 50
biddy 114
BIFFO 109
big-diddied 117
bike 49
bill 74
billy 102, 104
Billy Boy 102
bin hoker 112
binge 90
binlid (u) 110
bird 54, 66, 96
birdie 122
birth control pill 57
bit 123
biting 74
bizz 48
blabberin 47
black 104
Black and Tans 102
black beer 93

b.ack men 104
black month 40
black North 104
black Protestant 104
black pudding 85-86
Black Saturday 104
black stuff 94, 96
blackmouth 104
blade 113
blah 59
blarge away 47
blarney 116
blastie 66
blather 47, 50
blaze 43
blazed 96
bleeder 111
bleeding 108
bleerie-tea (u) 83
blemmed up (d) 80
blethers 50
blind 59
blindin 106
blink 60
blinking 106
blirt (u) 110
blitter (u) 100
blond with black skirt 94
bloody 39, 108
Bloody Sunday 39
Bloomsday 39
blootered 98
blow 92
blowhard 92
blow-in 36
blue 105
bluemoulded 95
bluemouldy 95
bob 72
bo-bo 67

body 123
bog 82
boggin (u) 82
bogman 36
bogtrotter 36
boil 43
boke (u) 98
boky (u) 98
bold thing 123-124
bollix 44, 50, 108, 110-111, 126
bollocking 43
bollocks 111, 126
bolloxed 98
bombed out 119
bone-naked 123
bones 62
bookie 78
boozer 89
bostoon 110
both feet 102
bother 70
Bots 35
bottle 95
bottled 51
bottle-night 121
bottler 81
bottom 84
bottom's up 91
bowjanther 94
bowls 77
bowsey 99
bowsie (d) 115
box 82, 126
boxty 86
boy 66
boyo 77
brackfist 86
bracky 87
brada 112
brallion (u) 110

131

Register

brank-new 80
brash 64
brash (u) 30
brasser 113
brat 66
brat (u) 30
brattag (u) 30
brat-walloper (u) 66
bray 32
breadsnapper (u) 65
breakfast 36, 85
breeder 65
breedog 58
bride's part (u) 121
brill(o) 44
bring 92, 127
bring home 127
brishy 69
brisler(u) 86
brochan (u) 87
brock (u) 112
brogue 37
broo (u) 57
brood 65
brosie-faced 68
brosy 68
browl 110
brown cow 89
brown gargle 94
brownie (u) 60
brownkitus 64
bruckle 29
bruckle sayson (u) 29
brue (u) 70
brummack (u) 68
brush 124-125
brushy (u) 69
brutal 45
B-Special 101
bubberleen (u) 66
bubbies (u) 126

bubble 49
buck 51, 91, 109
buck stupid (u) 51
bucket 30
buckets 67
buckled 98
buckled (drunk) 98
buckles on brogues 37
bucky wire 103
budley (u) 68
buffed 70
buffer (u) 69
bug 36
bugger 111
bugle (d) 125
bulge (u) 68
bulkies 101
bullaphants 97
bully (u) 66
bumbee-work (u) 50
bump 27
bumper 79
bun 109
bun (u) 125
bundie 67
bungalow 51
bunk 91
bunk out 71
bunt (u) 68
burned out 43
bury 124
bush 48
but 18
butt at (u) 47
buttered 84
butter-mouthed (u) 116
butty (d) 87, 99
butty (u) 69
buy 91
by-chap 66

by-child (u) 66
by-common (u) 44

C

cabbage 43, 46
cadder (u) 112
cadge (u) 112
cadger (u) 92
cage 84
caird (u) 38
call 106
caman (u) 75
camogie (u) 75
camp-ball 77
can of piss 111
Candlemas 58
Candlemas cross 58
candlesticks 67
carlin (u) 114
carried story (u) 48
carryin 103
case o' pistols (u) 125
cashier (u) 78
cast 121
cast up 98
cat 31, 45, 49, 59
cat (u) 45
cat marbh 45
cat's hair (u) 30
cat's lick 100
catastrophic 45
catch 52
catergully (u) 42
Catholic-looking 105
cattered (u) 62
catty 77, 105
caving 115
cawhake 60
cementing (u) 115
Chalk Sunday 39

chance (u) 78
chancy (u) 117
chanty (u) 99
chap-fallen (u) 84
charm (u) 58
Chas Mahal 35
chatter-bag 48
chawl 123
cheap 72
cheek 123
child 36, 66, 84
childer 65
chile (u) 65
chippens 72
chipper 86
chips 86
chirm in (u) 48
chiseller 65
choker 110
Cholesterol Coast 35
Chrissimiss 40
Chuckie Armani 102
churchyard deserter (u) 63
circling over Shannon 96
City of the Broken Treaty 35
clab 48
Clare hearse 78
clart 112
clash (u) 30
clash-bag (u) 48
clashmaclaver (u) 48
clat (u) 112
clatter 47-48, 115
clatterbox 48
clatterer (u) 48
cleeked (u) 122
click with (u) 119
clinkers (u) 126

Register

clocking 29
clocking for rain (u) 29
clod 87
clootie 55
cloustered 110
clum 19
clumsy 50
clunch 68
clype 47
cobble (u) 72
Cock Tuesday 39
cockaninny (u) 114
cocked hat 46
cod 50
coddin 50
codding 44
codology 115
codology (u) 50
coffin 72
cog 71
cogglesome (u) 29
coggley (u) 29
colcannon 120
cold 30, 63
colf (u) 87
Collop Monday 39
Colmcille 58
colour 63
comb 64
come aff (u) 49
come after 119
come round (u) 62
come-tae-me-go-aff-me (u) 81
commither 116
complaining 26
confirmation 74
confo 56
conn (u) 78
connahily 126
connysure 48

coof (u) 110
cookered 110
Cooreen Caw 51
coot 97
cope (u) 100
corbie 54, 72
coronations (c) 72
corporation hairoil 100
countenance 46
country 34
country Joan 113
cowstails (u) 80
crab 66
crab shells 80
crack 47-49, 79
cracker 79
crafty 51
craic 25, 79
crap 100
crapper 93
Crathur 92
crawsick 98
crawthumper 56
creel 53
creels 121
crew cut 80
crig 125
Crimbo 40
croaked 57
croaker 57
croppie 105
croppies 105
cross 58, 95
crow 54
crust 69
cuckoo's bird 66
cuckoo's laghter (u) 66
culchie 36, 113
cup 82
cup-tossing 58

curate 89
curly water 80
currney cake 87
curse 58
curse of Colmcille (on you) (u) 58
cut 31, 33, 84
cut meat (u) 87
cute hoor 52
cut-throat (u) 49
cuttycub (u) 66
cycle 122

D

daff 100
daft 50-51, 109, 111
daftie 51
dainick (u) 78
dályon 56
dander 90
dandy 92
dash 30
dat's 45, 50, 83
dat's gift (d) 45
dawney 62
day 28-29, 84
dazed 50
dead 13, 40, 43, 72, 117
dead fink 117
dead nuts 43
dead on 117-118
dead on two 40
deadener (u) 49
deadly 44
deaf nuts (u) 67
dear 56, 63
death 63
deedlie-dee music (u) 81

deffo 41
deil 31, 55
deil's fiddle (u) 31
dense 51
desperate 29, 31
diddies 126
diddle (u) 81
didnt 27
dido 80
diesel 42
dig 102, 115
digs (d) 124
dildo 113
dilsy (u) 114
dinger 115
Dingleycooch 34, 46
dinner (u) 83
dint (u) 115
dipped soda 87
Direct Action Against Drugs 102
direct line 100
dirt-bird 112-113
dirty 29, 100, 106
disney 36
dissle (u) 30
ditch 51
divil 55, 76, 116
divileen 66
divilment 54
dob 71
doctor 62
dod (u) 113
does be 19
dog 29, 106
dog in the sky 29
doitered (u) 50
doldrum (u) 50
doll 114
dollies 126
done 19, 70

133

Register

donkey 32, 40
donkey's years 40
donse 55
donsie 110
donsie (u) 55
doododge 88
door 57, 74, 84
dope 110
dortspeak 37
dose 65, 113
doss 71
dot (u) 63
dotterel (u) 112
dottering (u) 97
double barrel 125
dowdy 112
dowfart (u) 51
down 30, 43, 91
(down) below 34
down from 34
dowsy (u) 62
dozed 97
dozy 50
drabby (u) 30
drap 83
draughty (u) 30
draw 73
drawers 123
dread 63
drink 95, 97
drink of water 110
drive 33, 46
drizzle 30
drook (u) 30
drooth (u) 95
droothy 99
droothy (u) 95
drop 73, 83, 91, 97, 106
drouth 99
drown 96

drowned (u) 30
drunk 95-97
drunken bowsey 99
dry 30, 91, 95
dry shite 111
Dub 36
duck's meat 114
duck-house door (u) 87
dummy tit 67
dunsh (u) 115
dunt 115
durnock (u) 68
dusted 70
Dyeknowwharrimean? 9
dying 63, 100

E

Earl of Cork 78
earwigging 48
easterlin 30
eat 46, 84
eat the face off 46
ecker (b) 71
eejit 107, 109
eejity 97, 110
eff off 109
effin 106
eight days 40
elders 126
element 42
elephant's trunk 97
elephants 97
eleven cuts 52
elf-shot 61
Emerald Isle 34
Emerald Tiger 34
end 73
erse 125

even-ash 58
evening 40
expect 118
eye 118
eye of one's arse 125
eye-bright (u) 117-118
eye-sweet (u) 118
ezero 84
eZoo 84

F

face 46, 63, 78, 98
fag 88
Fair City 35
fair dues 41
fair enough 41
fair play 42
fair up 28
fairies 61
fairy 30-31, 60-61
fairy bit 60
fairy glens 60
fairy wind 30
Faithful County 35
fake (u) 64
fall to pieces 127
fancy 89
fanner (d) 69
fanny 44, 126
far bye 63
far-downer (u) 36
farmer 84
fashion 126
fasting-spittle (u) 58
fat 51
fat in the forehead (u) 51
feck 107
feck off 109
fecker 76, 111

Fecky the ninth 109
fed 67
feed 93
feeling 45, 77
feet 73
fella 76, 111, 124
fellah 118
fellas 92
fellow 67
felter 97
Fenian 105
Fenian bastard 105
Fenier 105
few 97
Field 105
fierce 64
fifty 119
filly 117
film 82
fine 118
fine thing 117
finger 41, 78
fink 117
firkel 112
first 40
first shot 92
fit 29, 42
fitter 121
five fingers 43, 78
fizog 125
flagon 94
flah (c) 117
flahoola 112
flaming 97
flap meeting 79
flapping meeting 79
flash 80
flats 78
fleece 114
flew 96
flicks 82

134

Register A-Z

flies 123
flighty 116
flip 56
flipe (u) 112
flit 58, 91, 103
floor 98
flowers 126
flu 63
flute 126
fluthered 90, 97
fly-away 117
flyer 83
fog-full 84
folk music 81
follower-upper 82
fond 95
Fool's Day 39
foolish 110
foot 102
football 74-75
footer 105
footless 97
forehead 51
founder 31
four 64
four-letter-words 106
fourpenny 82
foxer (c) 71
Foyle 49
frae-me-come-tae-me (u) 81
free 64
French fiddle 81
frigging 108
fright 116
frolics 126
frost 56
frosty-face 78
fry 35, 85
fuck 44, 106-108, 123-124

fuck away off 109
fuck off 109
fucker 52, 109, 111
fucking 79, 106-108
full 52, 98, 107
full as the Boyne 98
Full Irish Breakfast 85
full lady 117
full of your eye 117
full shilling 52
full-cocked (u) 97

G

GAA 75
gab 48
gab (u) 47
gabby (u) 48
Gaelic Athletic Association 75
Gaelic football 74-75
GAH 75
gallon 70
gallop 40, 46
game ball 45, 77
Gammon 38
gancanagh 60
ganky 100, 117
Garden County 35
gargle 89, 91
gargled 97
gas 26, 79
gatherer 72, 99
gauzer 117
gawk 109
gawk (c) 98
gay 28
gears 74
gee (u) 126
geebag 48
gee-eyed 97

gentle people 59
gentry 59
get 111
get off 122-123
get on 123
gettings 78
giff-gaffy 47
gift 45, 48
gig 58, 80
gipe 113
gipo (d) 125
girl 116, 124
girleen 65
git 111
glake 109
glasheen 93
glass 94
glens 60
glick fucker 52
glorious 28
glue 108
go a bit of (it) 52
go about 48
go away 44
go steady 119
gob 47-49, 115
gobbler 124
gobhawk 111
gobshite 110
God bless 56, 59
God's children 66
goggly 97
going down 34
going up to 34
golly 74
gom 109
gomey 51
gone with it 52
good 26, 75, 118
good gaff (u) 48
good luck 27

good man 55
good people 59
good woman 99
good-like 117
goolies (d) 126
gooter 126
goozer 122
gorgeous 28
gosoon 66
goster 47
gouger (d) 99
gowl 32, 109
gowlogue 93
gown soura 110
grand 26, 28, 41, 44-45
grapple the rails 92
grass 51, 84
gravy ring 87
great 83, 116, 118
great gas 79
Great Hunger 84
greatest 50
green 62
green and orange 101
greenhouse 99
greening 127
greeting 67
greg 115
grey hair 64
greying days 40
grind 71
grot 113
groundshels 83
gruagach 60
grub 83
grunt 76
grunter 76
grush 73
guff 50
gum 95

135

Register

gumming 95
gunterpake (b) 51
gurrier 66
gutty 115
guzzle (c) 90

H

H 104
ha'penny book 48
hack 54
hae me doots (u) 44
hailer 56
hairy molly 126
half eight 40
half on (u) 96
half-baked 52
half-boiled 52
half-cocked 96
halfer 103
half-gone 127
half-one 93
half-pint 94
half-tore 96
hallion 112
Halloween 40
hammer 51, 70, 124
hand 83
handball 77
handless 69
handy 27
Handy Andy (u) 69
handy shandy 125
handywoman 127
hanging (c) 97
hank 52
hard 73
hard at hand 32
hard stuff 92
hard tack 92
hardy 30, 46

harl o bones 68
harm 89
harrow 62
harrow-bones 68
hat 27
hatch 91
haul home 121
haverel 112
havering 50
havin me on 44
H-block 103
head 44, 52-53, 63
head money 72
headache 64
headbin 110
header 52, 110
heading off 27
heads or harps 71
health 62, 64
heap 26
heart-sick 62
hearty 62
heavin 89
heavy eye 57
heavy metal 42
heavy-footed (u) 126
hedge 84
heel 41, 88
heeler 69
hell 107
hen 51
hen's race (u) 32
herself 121
high 29
high babies 66
highlights 80
himself 121
hippety clippety clatterty clinch 112
hippin (u) 67
hipster slacks 80

his knabs 55, 78
hit 54, 115
hiyis 25
hockey 77
hogger 99
hogo (u) 100
hold 49, 95
hole 44, 109, 124-125
holliers 40
holy 55-56
holy God 55
holy hour 90
holy Joe 56
holy Mary 56
home rule 101
homeboy 56
home-ruler 94
hoody 80
hook 74
hooley 91
hoor 52, 111, 113
hoor's get 111
hoor's melt 111
hop 48, 71
horney 102
hornie 55
horrors 88
horse 72
horse-godmother 113
hot and full (u) 72
hot toddy 62, 92
hough 41
hoult 118
house 87, 106
hoved out (u) 98
how do ye 25
how goes it 25
how're ee, lads 25
how're the men 25
how're ye keepin 25

how's about you 25
how's it goin 25
how's she cuttin 25
how's the craic 25
how's the form 25
how's yerself 25
how's you 25
how's you and yours 25
how's your folk 25
howaya 25
howayah 36
howayis 25
howdywoman 127
huffy-snuffy 114
hugita 61
Hugita ugitas, iskey sollagh 61
hump off (u) 109
hunger 67, 84
hungry 83-84
hungry heart 83
hunt 41
hurdies (u) 125
hurley 75
hurling 74-75
hurry 27

I

I do be 19
I take it 33
idea 87
idiot 109
ignorant 109
Imbolg 38-39
in 'n awful way 26
in jig time 40
in no time 64
in the fashion 126
in them days 40

Register A-Z

inching and pinching 73
infair 121
Inishowen 92
ire (c) 125
Irish Derby 79
Irish Grand National 79
ish 63
iskey 61
it is 18

J

jaa 47
Jabus 55
Jack about 69
Jackeen 36
jacket 114
jacks 99-100
jag (c) 119
jail-crop 80
jailic 37
Jakers 55
James's Street 56
jammered 89
jammers 89
jammy 53
Janey Mack 44
Japers 55
jar 94
jarred 97
jars 97
Jasez 55
Jasus 55
Jay 55
jays 56
Jaysus 55
Jayz 55
Jesus tonight 55
jigs 98

jimmy-dog 67
jinnied husband 121
jinnit 53, 92
Jo Maxi 97
job 45, 100, 124
jobby 100
jobs 100
John 72, 93
John from the Moy 72
Johnny 64, 93
Johnny Giles 64
Johnny-jump-up 94
jolly (u) 68
jook-the-bottle (u) 98
josies 126
jotter 92
jow off 109
jubious 57
jump 103, 121
jumping mad 46
junder (u) 115
jundie 115
jundy 115
just na (n) 42
just-a-meet (u) 42
jute (u) 83

K

kajool (u) 122
kaks 126
Kathleen ní Houlihan 34
keening 67
keep 49, 62
kettle 83
kick 46, 114
King Billy 102
kip 90
knacker 38, 111
knacky 51, 76

knee-cap 103
knickers 123
knock 114
knockers 126
know 27

L

lace 114
lad 64, 126
Lads 25, 102
Lady Muck from Clabber-hill 113
lagonish 108
lahoach 68
Lake County 35
langer 111, 126
langered 98
langers (c) 98
Laois 109
lard 114
lash 77, 98
lasher 117
lash-in 90
lashing 30
last load 49
latitude 118
Lawny 56
lay off 108
lay out 121
lazy 76
left foot 102
leg 74, 116
leg it 74
legs 26
length 107
leprechaun 60
let one rip 100
levy (c) 99
lick 100, 111
lick-arse 111

lick-me-lug (u) 111
lick-over 100
lie out (u) 71
Liffey water 94
lift 103
like 24
likes 118
line 119
lines 70
linnet 122
little green man 93
little people 60
load 49-50, 64, 90, 107
loaded 97
lob 77
local 33, 89
lock in 90
locked 90, 98
loik 37
Lomine (u) 56
long finger 41
long-finger 41
look 62-63, 113
loon 110
looper 51
loopy (u) 52
loose ball gatherer 99
Lough Erne 95
loughryman (u) 60
love-bairn 127
lovely 81
luck 53-54
lucky bird 54
lucky stone (u) 54
Lughnasa 38, 40
lundy 105
lush 99

137

Register

M

made up 72
Maggie 78
maggot 50, 110
maggoty 97
Maiden City 35
mainland 103
maithgalors 98
malt 92
mammy's boy 110
Man (a) dear 56
man above 55
mangled 97
manky 100
Marble City 35
mare 33
market 121
marlie 53
marvellous 28
Mary banger 113
Mary hick 113
mass 57
massive 44
matchmaker 120
May Day 39
me 22
meat 84
meejum (c) 94
melt 49
men 25, 89
mentaller 52
messen (u) 112
messer 110
Mick 34, 105
mickey 35, 105, 126
Mickey Márbh 35
mickey-dazzler 118
mighty 26, 28, 79, 81
mile 32

milk sop 110
mill 115
mink 38
Minker's Tawrie 38
minute 105
miss 54
missus 121
mitch 71
Model County 35
Molly Malones 36
money 72-74
monkey 84
mooch 71
Mooney's apron 78
mopsy 114
mortaller 56
mot (u) 117
mother 67
Mother (of God) 56
mother naked 123
mother of all souls 126
mother of St Patrick 126
motherless 97
motting 119
moughy (u) 28
mouldy 97
mountain dew 92
move 119
mow 124
Moy 72
muck 36
muggered (u) 96
muggins 110
muggy 96
mulchie 36
mullet 80
murder 91
Murphy 86
my friend 127

N

nakers 126
name 106
near cut 32
neck 91
neither 74
nice 27
night 40, 88
Ninny Hammer 51
nip 123
nixer 71
no 23
no bother 42
no point 26
no sweat 42
Nobby Stiles 64
non-tipped 88
noon 29
Norrier 35
North 101
north side 46
nosh 83
not at all 42
not atallatall 42
not half in it 52
November Eve 40
numbs 97
nuts 13

O

off 124
off the drink 90
Offaly 109
offy 90
old crab 66
old doll 114
old man 32
Old Year's Night 40

omadhaun 109
on me last legs 26
on the box (c) 125
on the go 80
on the pill 127
on the piss 89
on the sod 41
one-and-one 86
oother (b) 110
opens 105
ossified 97
oul' 117
oul' split-the-fardin (u) 72
ould 29
ould fellah 121
ould man 55
out of one's tree 98
over 34, 121
over the line 96
ownshuck 113
oxo 45

P

packed 89
Paddy 34
Paddy's eye water 92
pains 64
pan 45
panic 118
pape 105
paralytic 98
parish priest (d) 94
parochial house (d) 99
parts 33
past 121
pater-and-ave 56
patience 57
Patrick's pot 93

Register A-Z

peeled egg (u) 69
penny 48, 54, 82
perished 30
person 118
petrified 97
petty 99
pictures 82
piddle 100
piddle (d) 40
pig 54, 103
piles 64
pinheads 102
pink 56
pinkie (u) 126
pint 89-90, 93-95
pints 65, 89, 93
pipe 81
pish (u) 100
pishogue 57
pish-the-bed (u) 100
piss 89
piss up 89
pissed 97
pisser 90
pisshead 99
pissing 30
plain 94
plastered 97
play 42, 71, 75
plead 71
plump (u) 30
Pogue Mahone 108
poker 56
polluted 97
pony (d) 93
pooka 60
poor mouth 71
Pope 57
porter 93-94
pot 57
potato cake 86

potato champ 86
poteen 92
pound 42
priest 57
prod 104
proddy 104
proddy-dog 104
proddy-hopper 104
proddy-woddy 104
Prods 104
proontach 68
prop 57
Protestant-looking 105
Provo 102
Provos 102
prune (d) 125
pub crawling 90
pubickers 125
puck 115
puff away 88
puggled 52
pull 119
pull a pint 90
pull up 43
pulling 116
pumps 123
punt 78
punter 78
Puss Sunday 39
put up (u) 98

R

raging 107
rain 64
rake 94
rantan 90
rapid 37, 44
rashers 86
rat-arsed (d) 98

raughle o bones 68
reed 74
reefer 88
reek (u) 88
reel 41
reeling 63
relic 114
rickle o bones 68
ride 117-118, 122-124
riding 122
right 44, 64, 104, 107, 111, 116-117
right flighty article 116
right foot 102
ring 9, 87, 98
rings 98
rip 100
river 49
road 18
road bowling 77
road bowls 77
road bullets 77
roar 32, 47
rodney 111
roll up 88
rollie 88
roll-up 88
Rome Rule 101
rosiner (d) 92
roun' 98
round 33, 53, 79, 91
rub 114
rub-a-dub-dub 89
rubber 98
rung (u) 112
runs 99
rush 82

S

sack 70
safe home 27
saftie 51
saint 57
sake 107
salt 46
same foot 102
Samhain 38-40
Samson and Goliath 35
sassenach (u) 36
Saturday 58
savage 31, 36
say 56-57
sayson 29
scab 90, 99
scabby 84
scanger 89, 113
scared 107
scone 125
scoops 89
score 123
scorrick (u) 88
Scotch lick (u) 100
scram 108
scrapin 67, 71
scrapin's 67
scratch 70, 72
screw 72
scripped 57
scrubber 113
scut 66
scuttered 97
scutters 65, 99
see ye 27
seeing 27
seemly 117
seen 19

Register

segotia 117
send 46
senti-fucking-mental 106
session 90
shag 123-124
shagging 108
shamrock 53, 96
shed a tear for Ireland 100
sheela 58
sheela-na-gig 58
Sheldru 38
Shelta 38
shift 124
shit 107
shite 51, 107, 109, 114
shitehawk 111
shlossed 98
shook 62
short 43, 58, 93
short cut 43
shout 90
show 46, 77
shut 49
sickener 29
sĺd 59
siller 72
silly-go-saftly 110
single 86
sit 58
six counties 101
sixpenny 82
skanger 112
skanky 100
skin 30-31
skint 72
skirt 94
skite (u) 100
skitters 99
skiver 69
slacks 80
slag 107, 112
sláinte 91
slammick (c) 112
slapper 113
slash 100
slasher 117
sleck (u) 95
sleeveen 112
slice 82
sliced bread 45
sliotar 75
slob 110
slug 89
slug (u) 99
small one 93
smig 122
smigger (u) 118
smothered 63
snapper 65
snog 122
snotterbox 125
snout 125
snuff it 69
snug 90
so 21
so they are 24
soakage 98
soccer 74
soccer jersey 80
socks 43
soda bread 86
soft 28
softness 52
sollagh 61
some time 27
soon 64
soul 57
sound 42
spliff 88
spondulicks 72
sport 33
spot on 26
spud 86
St. Bridget 39, 58
St. Bridget's Day 39
St. Patrick's Day 38-39
startling 25
starved 84
staving 98
steamed 90
steeved (u) 84
stick 33, 73, 75, 109
stick(ie) 102
stickin out 44
sticky 102
stocious 98
stone 116
stool 29
stoor 114
Stop 67
stout 93
strake 105
strange 25
strap 116
strap of a girl 116
streel 112
strikers 88
string 67
Stroke City 35
stubbly 62
stupid 51
stupit 50
suck 89
suckin 42
sugar 87
sup 83
sure 23, 27, 89
swap spits 122
sweep 91

Swiss 109
Swiss roll 109

T

tack 70
tackle (u) 113
tackling 92
taig 105
take in 119
take out 90
talk 48, 104
talking 27, 96
Tam 121
Tam Targer 121
tandem 33
Tans 102
tap 72
targer 121
taw (u) 125
tay 82-83
tea 83
tear 90
tearing away 26
that bates all 49
The Cats 75
the last hough in the pot (u) 41
them 21
thick 51, 73
thing 45, 80, 96, 118
things 26
thon 21
thonder 21
thonder 21
threw 9
throat 95
throllop 112
through 31, 43, 84
throw 83, 98
throw off 123
tied 42

140

Register A-Z

time 27, 40, 64, 107
tinged up 84
tinker 38
tipple 91
'Tis 28, 30-31, 40, 116
'tis years 40
toilets 99
tongue 49, 106-107
tongue (u) 97
too 26
tosser 111
totty 117
tout 104
track suit 80
trad music 81
trad musicians 81
trad scene 81
travellers 38
travelling people 38
tree 98
troubles 101
tube 88
turf 78, 88
turf accountant 78
turf patrol 88
Turkey Trots 99
'Twas 27
twice 43
twine 73
twisted 98
two ends of a clift (u) 109
twopenny 82
'Twould 30

U

ugitas 61
ugly 109
Uilleann pipe 81
Ulster fry 35, 85
Uncle Arthur's milk 94
under the harrow 62
up (above) 34
up from 34
up in a heap 26
up the hill 126
up the pole 126
up yer arse 32
use 82
useless 26

W

wagon 114
waiter 74
walking 84
wan 121
wank 125
wanker 111
warped 98
was 20
waste 107
watering hole 89
way 42
weans 67
weans (u) 65
weather 28-29
weather-dog (u) 29
wee 52, 59, 65, 96
wee folk (u) 59
weight 57
well oiled 96
well-on 97
whack 124
whang 100
what's on you 25
wheaten bread (u) 86
wheeker (u) 45
where ye from 33
whipper-snapper 65

white pudding 85-86
wick 45, 50
wicked 30
wigger (d) 117
wind 30-31
wing 96
within 32, 47
woeful 45
wojus 45
work 70
world 33
worse 26
wrong foot 102
wrought 19

Y

y'are notu 22
ya 124
yard 109, 125
ye 21
year 40
yee 77
yellowpack 69
yiz 22
young fella 76
your man 55
youse 22

Kauderwelsch-Sprechführer
Leute kennen lernen und einfach loslegen: Sprechen

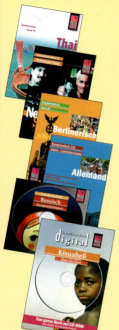

«Wort-für-Wort»
Einen ersten Einblick in die Sprache gewinnen, um die wichtigsten Situationen meistern zu können.

«Slang»:
Die authentische Umgangssprache kennen lernen.

«Dialekt»:
heimische Mundarten von Platt bis Bairisch, von Wienerisch bis Schwiizertüütsch.

«Deutsch für Ausländer»:
Das einfache Kauderwelsch-System auch für unsere Gäste.

«AusspracheTrainer» auf Audio-CD
gibt es zu vielen Sprachführern. Sie werden die „Begleitkassetten" in den nächsten Jahren ablösen.

«Kauderwelsch DIGITAL»
Komplett digitalisierte Kauderwelsch-Bände zum Lernen am PC. Alle fremdsprachlichen Wörter werden auf Mausklick vorgesprochen, Bonus auf der CD-ROM: der AusspracheTrainer – auch für Ihr Audioabspielgerät.

Über 200 Bände, mehr als 110 Sprachen
Eine Übersicht über alle Kauderwelsch-Produkte finden Sie unter

www.reise-know-how.de

Die Autorin

Elke Walter, geb. 1972 in Rüdersdorf bei Berlin, lebte 1991/92 in London und studierte anschließend Anglistik/Amerikanistik und Geographie in Berlin. 1994 besuchte sie erstmals die grüne Insel, von der sie seither nicht mehr loskommt. Sie entwickelte ein besonderes Interesse an Nordirland. Während ihres einjährigen Studienaufenthaltes an der Queen's University of Belfast (1996/97) teilte sie sich ein Haus mit etwa 20 Irinnen und Nordirinnen, irischer Slang stand dabei auf der Tagesordnung. Ihre Magisterarbeit schrieb sie über die Auswirkungen des Nordirlandkonfliktes auf den nordirischen Tourismus. Die Leidenschaft der Autorin fürs Übersetzen mündete 2003 in den Erwerb des Titels der staatlich geprüften Übersetzerin für Englisch. Seitdem ist sie als freiberufliche Übersetzerin mit der fachlichen Spezialisierung Irland/Nordirland sowie als Dozentin tätig und lebt am Rande Berlins.